目錄

目錄

慈禧太后演義

宮闈權謀傳奇

Romance of Empress Dowager Cixi

從深宮之中到權臣之上，一代女皇的崛起

蔡東藩 — 著

從普通貴人到操控朝政，她的崛起之路充滿傳奇

宮中晉升，每一步都凝聚著智慧與權謀；咸豐駕崩，以太后身分母儀天下，掌握大權；面對內亂外患，運籌帷幄，穩定帝國局勢……

從太平天國起義到西方列強侵擾，
慈禧太后無疑是站在那風雲變幻時代的中心！

目錄

述勝朝暢談楔子　溯后族順敘髫年

母后臨朝，自古所戒。有史以來，只宋朝一個宣仁太后，史稱她作女中堯舜。此外，如漢唐時代，母后當國，外戚、內豎，夤緣幸進，把一朝錦繡江山，攪亂得不可收拾。所以，史家懸為厲禁，將母后臨朝的制度，視作蛇蠍一般，統說它是覆宗的禍水，誤國的罪魁。揭出宗旨。

在下生當前清季世，往古的母后也不能一一評論。只清季母后垂簾，始自同治初元。咸豐帝駕崩熱河，太子載淳嗣位，年號同治。這同治帝尚是沖齡，未能親握政權，他的生母那拉氏英明得很，就依附歷史，援母后臨朝的成制，一意舉行。當時，有幾個王大臣與她反對，都被她一概扳倒，殺的殺，死的死，滿朝文武嚇得屁滾尿流，那個還敢出來作梗！因此那拉氏遂安安穩穩的臨朝起來。妙。但同治帝尚有嫡母鈕祜祿氏，素性貞嫻，本沒有臨朝的思想，尋由那拉氏從旁慫慂，未免兩可其間。那拉氏雖母以子貴，究竟不好抹煞嫡母，於是特創一個不古不今的法制，抬出兩位母后，垂簾聽政。這正是曠古無兩。這時候的國勢，正憂危的了不得，洪、楊餘黨蟠踞長江，賴、張兩捻出沒大河，還有外洋各國乘亂相逼，英法聯軍長驅入京，城下乞盟，割地償款，京內外的元氣幾乎消磨殆盡。自從兩太后垂簾以後，用人行政，各適其宜，把數十萬發、捻次第蕩平，且乘此輯睦邦交，戡定內外，河山再奠，日月重光，儼然有中興氣象。不但海內人民盛稱懿德，就是外洋各邦亦欽佩得很，慈安、慈禧兩太后徽號，歌頌一時。就中慈禧太后的英名，比慈安太后更加一層。因為慈安性質沖和，事事不願專擅，一切政務多歸慈禧主持。這慈禧后福至心靈，神強力固，所言所行，無不順手，內而宮禁，外而朝野，沒一個不服她見識，沒一個不奉若神明。

欲擒先縱，是文中應有之筆。

到了同治駕崩，光緒帝以弟承兄，又是一個小皇帝，兩太后仍然訓政，依舊匕鬯無驚。一瞬數年，慈安謝世，國家大事統歸慈禧掌握，自不必說。直至光緒親政，慈禧退養頤和園，名為不親朝事，暗中恰也與聞。不料中日戰起，中國的水陸軍，統一敗塗地。邦人士未識內情，統說光緒帝所為遠不及慈禧的英明，於是慈禧太后的德望，更增一倍。那時光緒帝也自憤自嫉，恨不得立刻斡旋，轉敗為勝；康梁新進，引為知己；戊戌變法，百日以內，維新詔旨聯翩下來，把京內外的官吏弄得頭緒不清，腳忙手亂。頓時怨聲載道，物議沸騰。朝右的老臣頑固的多，開通的少，遂捕風捉影，讒間兩宮。又把這慈禧太后請了出來，三次垂簾，駕輕就熟。總道她能保全國脈，挽回氣運。誰知天意變遷，人才衰歇，一班獻媚貢諛的臣子有什麼大經濟！免不得照例敷衍，苟且塞責；還有幾個皇親國戚，窺伺慈禧的意旨，勾結內侍，播弄宮中。端剛之肉，其足食乎。醞釀久之，竟鬧出一場滔天大禍，幾乎把二十二行省，四百兆生靈，盡行斷送！幸虧外人相率而來，互相箝制，囫圇一個大中原，無從分起，只好我覷你，你覷我，彼此瞠目一番，舌撟而不敢下，遷延多日，沒人發難，樂得賣個人情與清室，再敦和好。但寇氛雖靖，民力漸凋，四百五十兆的賠款，母子盤剝，已足刮盡中國地皮，吸盡華人膏血。嗣是慈禧太后的盛名，一落千丈。前歌誰嗣？後誦孰殺？一片誹謗聲，喧騰全國；甚且肆口譏評、捏詞誣衊，說得慈禧一錢不值，且目為中國罪人。其實，往時的稱頌未免過情，晚來的謗毀也不無太甚。平心之論。倘使慈禧太后今日尚存，吾中華的革命恐沒有這般迅速，就令推位讓國，也要弄得精疲力盡，那裡肯不戰而退呢。看官不信，試想慈禧自西安回鑾途中，並沒有出險情事；到京後，依然手握大權，莫敢指斥；由辛丑至戊申，其間又經過八年，並沒有損動分毫；到了光緒晏駕，宣統入嗣，宮中仍肅靜無嘩；直至自己病劇，猶且從容不迫，囑咐得井井有條，自王公以下，統恪承遺訓，安而行之。若非慈禧平日有強忍果毅的手段，籠絡得住，難道有這樣鎮靜麼？是極。

在下早想把慈禧行狀編成一書，作為稗史的先聲，可奈累歲奔波，不遑著手。坊間的慈禧外紀，及慈禧寫照記等書，已陸續出版，先我著成，轉令在下落了人後，只好擱筆。但因夙願未償，於心難忍。適值丁戊二年，家居無事，借翰墨以消愁，就文字以論古，不揣冒昧，編了一部西太后演義。西太后就是慈禧太后。慈安居東，慈禧居西，所以當時有東西兩太后的稱號。在下不敢妄撰，沿稱為西太后，以便省文。全書仿演義體，語語淺近，老嫗都解。令天下後世人人曉得西太后歷史，有善有惡，可勸可懲，倒也不無小補。且書中內容，統系得諸遺聞，徵諸故乘。於西太后三次臨朝，原是備陳巔末，即清季五十年來得失，也曾裒錄一斑，看官試悉心詳閱。在下已將楔子說明，下文便要開手敘事了。崇論閎議，得未曾有。

卻說西太后那拉氏，乃是葉赫國後裔。葉赫國係滿洲最古的部落，向居長白山麓，為滿洲各部盟長。自滿清太祖努爾哈赤崛興以後，居住赫圖阿拉城，與葉赫國相距不遠，互相嫉妒。努爾哈赤曾命工匠興起土木，建築一所堂殿，作為祭神的場所。正在動手的時候，忽崛起一塊古碑，上面有六個大字，可驚可愕。當由工人報知努爾哈赤，努爾哈赤端詳審視，乃是「滅建州者葉赫」六字。突如其來，煞是可怪。這六字映入眼簾，任你努爾哈赤如何英武，倒也暗吃一驚。看官到此，恐未免模糊起來。因在下未曾說明建州原委，只好就此補敘。原來努爾哈赤開國的地方，明朝曾稱他作建州衛，且封努爾哈赤為建州衛都督。因此建州二字，便是滿清舊日的地名。那碑文並非新鑿，偏有那滅建州的字樣，那得令人不懼！可巧葉赫主納林布祿遺書努爾哈赤，自稱葉赫國大貝勒，要努爾哈赤割地與他。惹得努爾哈赤性起，興兵與抗，葉赫主糾合九部聯軍，浩浩蕩蕩的來攻圖爾阿拉城。不料努爾哈赤早已出境紮營，一陣廝殺，眾不敵寡，被努爾哈赤殺得七零八落。可見兵貴精不貴多。不得已，易戰為和，把宗女獻與努爾哈赤為妃，暫算和親結案。賠了夫人又折兵，葉赫主安得不恨。

嗣後，努爾哈赤勢力膨脹，時常憶及碑文，想把那葉赫國滅掉，免留後患。是時葉赫國逐漸衰微，料知努爾哈赤不懷好意，嘗遣使進貢明廷，望他保護。可奈明朝也擾亂得很，主庸臣佞，文恬武嬉，曾出征努爾哈赤，發兵二十萬；葉赫也出兵二萬名，會合前進，只望旗開得勝，馬到成功。那裡曉得努爾哈赤用兵如神，聲東擊西，避實攻虛，又把明軍殺敗。葉赫兵連忙逃回，三停中已少了兩停。努爾哈赤乘勝進攻。葉赫貝勒金臺石，方承兄嗣位，收拾殘燼，登城固守。怎奈大勢已去，獨力難支，等到城虛餉絕，免不得被他攻陷，這位大貝勒金臺石束手成擒。努爾哈赤也不顧親誼，竟將他推出斬首。滿期斬草除根。臨刑時，金臺石厲聲道：「我生前不能存葉赫，死後有知，定不使葉赫絕種。無論傳下一子一女，總要報仇雪恨！」怨憤深矣。努爾哈赤雖聞此言，恰也不以為意。葉赫滅後，竟立他妃子葉赫那拉氏為后——禮烈親王代善，太子皇太極，均係那拉后所出。努爾哈赤逝世，皇太極嗣立。因血統所關，不忍絕葉赫子孫，特別施恩，存他宗祀，所以那拉一姓，尚得一線苟延。相傳康熙時代的權相明珠，就是金臺石的侄兒，也不知是真是假。若實有其事，那明珠貪墨性成，也是清室的蟊賊。幸虧清室方盛，聖祖仁皇帝極頂聰明，大權不致旁落，總算太平過去。原是大幸。傳到道光季年，宣宗為諸皇子選妃，滿蒙大臣家的女兒，遵章應選。適有一位體態合格的佳人，頗稱上意，宣宗擬指配四子。詳問氏族，尋聞是那拉兩字，不由的驚惶起來，躊躇一回，命罷指婚。滿廷大臣還不曉得宣宗的用意，你猜我測，莫名其妙。後由宮中傳出祕旨，方知宣宗是回溯往事，恐怕那拉入宮，異日或升為國母，適應金臺石的憤言，攪亂國家，因此停選。這尚是天不亡清，並非宣宗善防。誰意天下事防不勝防，做祖宗的杜漸防微，總想創垂久遠，百世千世的傳將下去，那子孫恰記不得許多，選妃時只論才貌，不問姓氏，於是這個有才有貌的西太后竟從此發跡了。春秋之旨微而顯。

西太后乳名蘭兒。她的父親叫做惠徵，曾為安徽候補道員。只因時運不濟，需次了好幾年，竟不曾得一好缺，弄得囊底蕭澀，妙手空空，幾苦得不可言喻。虧得同寅中有個漢員，姓吳名棠，籍隸盱眙縣，與惠徵有僚舊誼。平時見惠徵窘狀，代為惋惜，有時或解囊相助。惠徵非常感激，每語家人道：「我們如有日出頭，吳同寅的大德，斷斷不可忘懷。」蘭兒聽了，牢記在心。蘭兒是時，不過十齡，垂髫覆額，弱眼橫波，已生就幾分風韻。尚有一個妹子，面貌與蘭兒彷彿，只體態骨胳，不及蘭兒的嬌小玲瓏。蘭兒遂自覺勝人一籌，大有顧影生憐的意態。而且性情生得特別，資稟更是不凡。她於針黹縫紉等項不甚注意，平時只管看書、寫字、讀史、吟詩，把西子、太真、飛燕、靈甄的故事，更記得非常爛熟。少成若天性。暇時，與乃父惠徵談論，惠徵尚被她難倒。蘭兒見乃父無言，更說得天花亂墜。惠徵聽得不耐煩，常怒斥道：「你一個年輕女子，說什麼上下古今。本朝舊例，只有鬚眉男子，好試博學鴻詞，若巾幗女流，任你如何淹博，總用不著哩！」蘭兒恰從容對父道：「『賤日豈殊眾，貴來方悟稀』，這不是西子的寫照麼？『生男勿喜女勿悲，生女也可壯門楣』，這不是楊妃的遺歌麼？女兒現雖貧苦，安知後來不爭勝古人。」志趣確是過人，可惜未曾醇正。惠徵聽這一席話，也覺暗暗驚異，但口中還是駁斥道：「我現在落拓得很，連衣食都辦不端正，你還痴心妄想，望做皇后妃嬪。哼哼！這等奇遇，輪你不著。你不如到廚房內去幫你母司炊烹茶，做個竈下婢便吧。」蘭兒被乃父奚落數語，忍著氣，退入閨中。惠徵還是太息不住。過了一兩天，聞有友人來訪，惠徵不知是誰，接閱名片，乃是吳棠二字，便嘆道：「我是一個窮道員，除了他，哪個還來看我！」門前羅雀，古今同慨。說罷，忙整衣出迎，彼此相揖，未能免俗。兩下分賓主坐定，互為問答。惠徵總不免嗟卑嘆老，眼眶中幾流下淚來，吳棠只好從旁勸慰。好一歇，見一垂髫女子捧茶出來，雖是敝衣粗服，頗覺楚楚動人。當下注目凝睇，恰被那女子覺著，不禁把頭一低，霎時間兩朵紅雲映出面上。惠徵獻茶畢，就對吳棠道：「吳寅兄處不必諱言，小弟現狀，連婢媼都無錢可顧。」說至此，舉手指女子道：「這便是小女兒，親充婢役，真正慚愧！」吳棠道：「怪不得我要動疑，若非大家閨秀，那裡有這般容止！」惠徵不待說畢，便令那女子過謁吳棠。那女子不慌不忙，移步至吳棠前，請了雙安，且輕輕的呼聲老伯。鶯簧初度，嚦嚦可聽。吳棠起立，受了半禮，不由的極口讚賞。這時受她拜謁，那時受你拜謁，吳公雖是識人，恐也未必料及。惠徵又把她平時言行略述一遍。吳棠道：「難得，難得。惠徵兄，不要輕視此女，她既有此麗質，兼此大志，怕不是將來一位貴人！」說她貴人，也是極口誇獎，誰知她更出人頭地。惠徵道：「謬承虛獎，命蹇如弟，那裡來的貴女！」吳棠也不與辯論，就在衣袋中取出白銀二兩，作為覿儀。這時候那女子已經退入，復由惠徵喚出，叫她謝賞。那女子又拜謝如儀。吳棠問女子道：「你要花粉，向我處來取，你要書籍筆墨，也好向我處來攜。彼此通家，不必客氣。」說罷，遂起身告辭，由惠徵率女送別。這個女子，看官不必再問，就可曉得是蘭兒了。蘭兒此後，常在吳寓往來。吳公曲意體恤，蘭兒亦曲意趨承。就是這位吳夫人，也是大度得很，時贈衣飾。後來做到一品夫人，想必具有大度。因此，蘭兒修飾益工，文墨益嫻。未到破瓜年紀，已出落得豐姿絕世，才貌雙全。會吳棠調任清江縣令，整頓行裝，與蘭兒話別。蘭兒恨不得隨他到任，只因父母在皖，不便遠離，眼睜睜的由他自去。送行時，直到河梁。吳棠溫語叮囑，蘭兒點一回頭，垂一回淚，好似一枝帶雨梨花，欺風楊柳。渲染得妙。吳氏夫婦也被她惹作淚人。虧得惠徵也來相送，飭女停淚，方才怏怏告別。

吳棠已去，蘭兒回家，整日裡無情無緒，神思懨懨。那時惠徵仍然聽鼓撫轅，並沒有一點喜信，典鬻度日，眼見得支撐不住，由憂成勞，由勞成病。那時已窮得沒有飯吃，還有什麼閒錢延醫服藥，只好臥床待斃。這是候補官的寫照。這蘭兒忍饑耐餓，勉強提起精神，日夕侍奉。無如惠徵的病勢，日甚一日。昏沉時，尚口口聲聲叫吳寅兄。直到彌留這一夕，張目視蘭兒道：「苦汝，苦汝，汝等到窮極無奈時，往投吳老伯，或者能仰他賙濟。只是他的德惠，我生時無以為報，死後還要將寡婦孤兒貽累及他，不勝慚愧！」說到愧字，已是痰喘交作，兩眼一翻，嗚呼哀哉。看官，你想蘭兒遭此大故，能不傷心？當下對著父屍大哭一場。哭罷，與母親商量殮襲，檢點了幾件敝衣，胡亂包裹。只苦沒錢買棺，弄得束手無策。蘭兒的母親越發嚎啕不止，下有一個弱妹，也陪著悲啼，毫無見識，又有一個幼弟，名叫桂祥，甫脫母懷，簡直是莫名其妙，連父死也都不曉得。蘭兒想了又想，只好拼著自己面目，往各旗員處哀求賻恤。各旗員見她淒楚可憐，湊集了好幾兩銀子，畀她買棺殮父、奔喪回籍。在下走筆至此，暫作一結束。姑湊成俚句一絕以殿之。詩云：

不經磨練不精神，窮到無資殮父身。
他日尊榮無與匹，誰知當日固卑貧。

欲知後事如何，且至下回交代。

前半回總加評論，為籠罩全書之楔子，說得淋漓痛快，不激不隨。後半回首敘氏族，次述寒微，既證明有清一朝之因果，復揭出西后一生之性情。看似敘事，實舉全部小說之內容，隱括於本回中。開宗明義，固不可無此文。

奔父喪無意得賻儀　幻仙宮有緣逢豔侶

且說惠徵病歿安徽，各旗員慨助賻儀，方得棺殮回籍。當時僱定一舟，把棺移下。蘭兒奉著母親，挈著弟妹，同到舟中，身外已無長物，只有兩三具老舊的箱籠，隨棺下載，便即開船，一程一程的出發。這時正是晚秋天氣，草木零落，景物蕭森。蘭兒開艙睹景，擬藉此排遣悲思。誰知野曠天孤、猿啼雁泣，一派愁慘氣象，愈足觸動憂懷，淚珠兒不知流了多少。此情此景，正是難堪。

過了數天，船家忽就停泊。蘭兒問為何事？舟子道：「是地叫做清江浦，乃由南往北的要道。浦口有市，無論何種食物，都可買得。船上所備無多，不得不停船上岸，添購一點。若太太小姐們需買何物，即囑我等去買便了。」蘭兒聞言，呆了一呆，良久，乃轉稟母親。惠太太皺眉道：「我們行囊的銀錢已將用罄，看來只好隨便將就。」蘭兒道：「食物也是要緊，現在途中，勢難枵腹，總不能一錢不用！」惠太太無奈，取出一錠碎銀，約有四五錢重量，付與蘭兒，由蘭兒轉給船家，令他就賤價的食物買些備用。船家去訖。蘭兒待了好一會，尚未見船家回來，免不得凝神懸望。遙見有一差人模樣，得得而來。手中攜著一包，很似有點費力。到了岸邊，即朗聲問道：「那一隻船是由安徽奔喪來的？」蘭兒聽了此語，猛然記起吳大令來，不禁脫口答道：「你莫非從吳老爺署中差來的？」那人答道：「正是。」蘭兒道：「我們正是由安徽奔喪過此暫停。不知吳老爺有何見諭？」那人道：「敝老爺有賻儀三百兩，特著小的齎送。」蘭兒道：「什麼又要貴老爺費心！我家在安徽時，累叨貴老爺厚惠，今又蒙賜，如何敢當！」說至此，即著船家引來人下船。那人走入船中，向惠太太請過了安，即奉上賻儀三百兩。惠太太見這重賻，不由的轉悲為喜，老老實實的令蘭兒收了。蘭兒收了賻銀，即向惠太太附耳密言，惠太太點了點頭。當由蘭兒啟篋取銀，檢出三四塊，共計有二三兩，用了素紙包好，給與來人，並語來人道：「為我上復貴老爺，本擬踵署叩謝，因有孝服在身，不敢造次。煩你代為致意，多多辭謝。」那人道：「這個自當遵囑。但須請給回片，方可覆命。」蘭兒復返尋謝片，檢了一會，已是一紙不留。只得取出筆墨，並裁了一張素箋，就箋紙上面，端端正正的寫一謝字，下文又寫著「孤子桂祥泣血稽顙」八字，交給來人。來人看了謝片，遲疑許久，方才上岸回去。這段文字似無甚意趣，及看到下文方見蘭兒才識，已是不凡。

蘭兒遣去縣差，正值買物的舟子回舟，收了食物，詳稟惠太太。惠太太因得了重賻，復思添買另物數件，又令舟子上船續購，所以逗留多時。待到舟子轉來，正擬起碇，忽岸上大呼：「留船。」蘭兒瞧將過去，乃是方才來過的差人，便叫船家暫停，導差人下船。差人已走得滿頭是汗，作牛喘聲。良久乃道：「我們的老爺說我送錯了賻儀，如何是好？」令人一驚。蘭兒忙道：「如何說是送錯？」差人道：「我老爺發怒的了不得，虧得某師爺從旁解勸，方令我再到你船，查問來歷。」蘭兒道：「貴老爺是否姓吳，官印可是一棠字？」差人道：「不錯。」蘭兒笑道：「你不要著急，待我給你一條，包管無礙。」差人似信非信，便道：「你等不要立刻開船。」蘭兒道：「我等不是騙子，請你放心。你若不信，我叫舟子與你同去如何？」差人道：「好，好。」當由蘭兒寫就一條，給與差人，並令舟子偕行。看官閱到此處，未免動疑：吳棠本是惠徵故友，此次惠徵病歿，家屬奔喪回籍，道過清江，也應送點賻儀，為什麼說是送錯呢？

原來此中有個緣故，待在下補敘出來。閱者正待說明。

這吳棠出宰清江，距安徽省城，也有好幾百里，惠徵的死耗，他還未曾確聞。適有一安徽副將，歿在任上。喪船過清江浦，吳棠聞知，忙差人厚致賻儀。因為副將在日，與吳棠特別莫逆，吳棠本沒有異能，全賴副將替他說項，所以要差繁缺，陸續不斷。這次調任清江，也是副將暗中為力。感德生前，圖報死後，這也是人情同然，三百兩厚賻，為此慨與。不料差人誤送蘭兒舟中，取回謝片，返署覆命。吳棠不瞧猶可，瞧了桂祥二字，急問差人道：「什麼桂祥，你把這賻儀送到那裡去了？」差人道：「小的也曾問明，她說是由安徽奔回的喪船。」吳棠道：「你也曾識幾個字，難道喪主的姓名都不細看麼？」差人道：「喪主的姓名小的未曾曉得，老爺也未曾吩咐。」吳棠不禁氣憤，把謝片一擲道：「你瞧，你瞧，為什麼有名無姓？名不曉得，姓應記著！」差人道：「這個謝片是一個小姑娘寫的，小的接到謝片，也疑他有名無姓。轉思謝片上面恐怕是應這樣寫的，因此取了就來。」吳棠叱道：「混帳的東西，謝片何能無姓？你快去取回賻儀，否則要你賠償。」這一語嚇得差人魂飛天外。正思轉身外走，巧遇一幕友進來。問明仔細，並拾起謝片，對差人道：「我方才聽你復稟，說此片是一姑娘兒寫的，這姑娘約有多少年紀？」差人道：「不過十多歲。」幕友道：「她舟中尚有何人？」差人道：「除這姑娘兒外，還有一箇中年的婦人，及一個女孩，一個幼兒。」幕友道：「是否旗裝？」這四字提醒差人，便答道：「小的真是糊塗。師爺如何曉得？」幕友道：「我看謝片上面有名無姓，這明明是一個旗人。畢竟幕賓有識。只你說是一小姑娘寫的，我尚不信。」差人道：「小的親眼瞧見，不敢有欺。」幕友便指示吳棠道：「小小的姑娘兒，書法如此秀媚，定是滿洲閨秀，將來未始非一位貴人。今已送給賻儀，何妨將錯便錯，塞翁失馬，安知非福？還請東翁酌奪。」吳大令得此幕賓，也是後半生的福命。吳棠被這幕賓勸解，不覺忿氣漸平。便向差人道：「你且去查問來歷，叫她說明氏族便了。」差人唯唯連聲，從門外走出，一直跑到浦口。幸虧船尚未開。當與蘭兒說明，取了復條，同舟子返署，把來條呈與吳棠。

吳棠閱畢，自語道：他是惠徵的孤兒。我與他握別時，這孤兒尚在懷抱。他曾與我說過名字，我因多事遂致失記。他的喪船過了此地，我也應送他賻儀，不過多費了些。現已如此，好人做到底，我且去探看蘭兒，就便弔唁。至如副將那邊，另備一份送去，便好了結。主意已定，隨問差人道：「她的喪船尚在麼？」差人答了一個「是」

字。吳棠道：「你去傳齊皂役，待本縣親到浦口。」差人應聲而出。不一時輿仗俱備，吳大令乘輿出門，徑到浦口停輿。當由差人報知蘭兒喪船，蘭兒隨著母親，上岸迎接。吳棠下了輿，登舟行吊，惠太太舉哀，蘭兒挈弟桂祥稽顙。吊畢，姊弟二人，復至吳棠前叩謁。吳棠扶起兩人道：「相別未久，不料令尊竟已作古，真是可嘆！你如何不發一訃聞通知我處？我因某副將喪船過此，齎送賻儀，尋接回片，方知差人投入汝舟。我一時失記桂兒，還不知是誰人，等到家人查復，才識是你們奔喪經此，所以特來弔唁。」委婉說來，恐非全然由衷。蘭兒垂著淚道：「老伯大人的厚恩，不啻重生父母，欲報之德，昊天罔極！可憐先父去世，身後蕭條，老伯面前不必諱言，連棺殮等費，統是親戚故舊湊集而成。老伯處本應稟報，實因曩時已叨盛惠，不敢再行驚動。此次奔喪過此，乃蒙尊駕前來，猝頒厚賜；正在驚疑交集，乃復勞老伯大駕惠臨敝舟，此情此德，永世勿忘，先父有靈，亦銜感不置。」吳棠聞言，不禁暗想道：好一個伶俐女子！正默唸間，聽蘭兒又接下道：「老伯厚賜，真是卻之不恭，受之有愧！家母剛擬璧謝，適蒙老伯駕到，正好交尊價奉還。侄女等守制在身，恕不登堂回叩。」說到此處，轉身欲去取出原賻。明知吳棠將錯便錯，所以作此舉動。十餘齡的小女兒，便已解此，煞是過人。吳棠忙舉手攔住道：「你莫非嫌我儀薄，所以有心卻還？」蘭兒忙道：「這卻怎敢？只不好受此盛情。」吳棠道：「算了，算了，你不要再說這種話頭。」蘭兒方挈了幼弟，再行叩謝。吳棠道：「你又這般多禮。相隔不到數年，你越加聰慧，不知從何處學來！」蘭兒至此方破涕為笑。吳棠復從靴統內取出數金，給與桂祥，作果餌資。蘭兒復令桂祥拜謝。吳棠答了禮，又囑咐了數語，並勸慰惠太太一番，然後起身辭去。蘭兒復隨母送至岸上。吳棠待她回入舟中，覆命差役覓副將喪船。誰知遍覓不得。旁問鄰船，才知該喪船於昨夜經過，未曾停泊，早已遠遠的駛去了。差人之投錯賻儀，不為無因。吳棠回署，另備賻儀交與驛遞，送達副將家中，自不必說。單說蘭兒送別吳棠，立即開船。沿途無事可述。約過了兩三旬，方才到京。就把吳大令賻儀，取出開銷，安排喪葬，忙碌了好幾天，始行就緒。蘭兒嘗語弟妹道：「他日吾三人中，有一得志，斷不可忘吳公大德。」這也是她的厚處。那妹子年已十齡，略解語中意味，乃弟桂祥，全然是孩稚氣，曉得什麼恩德不恩德。

光陰易過，寒暑迭更，吳公所贈的厚賻，又已用盡。蘭兒家無人贍養，只好學些針黹，掉換幾文工錢，將就度日。可憐吃一口愁一口，有了早餐沒有晚餐，有了晚餐又沒有早餐。一日蘭兒對鏡梳妝，顧影自嘆道：「我的姿容，亦自謂不弱，怎麼遭此苦況？難道紅顏果真薄命麼！」正嗟嘆間，忽聞惠太太已迭呼己名，叫她出買油鹽，並責她晏眠慵起。蘭兒也無心答辯，草草妝裹，便遵著母命，攜筐出市。京城地近寒帶，除夏季外，整日間朔風獵獵，冷氣逼人。蘭兒只著了幾件敝衣，瘦怯怯的嬌軀，禁不住這般凜冽，一步懶一步，一程挨一程，好幾刻才走入油鹽店中，付錢購物。店主某甲，素好詼諧，見了蘭兒形狀，不免調笑道：「像你這般芳容，只好在閨中靜養，如何拋頭露面，出來購物？」蘭兒道：「我沒有這般福氣。」某甲道：「我恰有一個法兒，令你安穩坐食。」蘭兒問他何法，某甲涎著臉道：「我正要娶個小妻，你肯屈就，保你享福。」蘭兒啐了一聲，頓時紅霞暈頰，渲染梨渦。某甲不禁生愛，驟伸出粗笨的手指，去挾蘭兒鼻準。蘭兒連忙閃開，已被他挾了幾挾，不由得變羞為嗔。某甲知他含怒，急將油鹽取出，隨道：「你不要生嗔，我畀你的油鹽，比人家加增一倍，何如？」蘭兒為油鹽起見，也只好忍心耐氣，取了油鹽，惘然而返。何物某甲，敢如此搪突西施，我為蘭兒亦應悵悵！這時惠太太已倚門待著，見了蘭兒，還要埋怨幾聲。蘭兒不敢多言，只含著兩眶珠淚，匆匆入門。看官試想：蘭兒受這委屈，能不由憤生病麼?蘭兒苦況，作書人雖善形容，然亦信而有徵，並非無端揑造。是夕，身體不快，就有些憎寒惡熱。過了數日，病勢漸加，有時如冷水澆身，有時如熱湯沃體。惠太太雖也顧惜女兒，怎奈囊底空空，醫藥等項，非錢不行，只好由她生病，聽天由命。蘭兒委頓床間，懨懨獨臥，萬般淒楚，訴與誰知!看看日色西沉，那母親也不來勸餐，自己亦不想吃什麼，恨不得立刻就死，隨父地下。轉思吳棠厚德，無以為報，店主挾鼻，未有雪恨;而且父親只傳下一脈，數齡弱弟，尚須提挈，不幸身死，只剩了老母、小妹，恐不能照管到底，似乎自身又頗有關係，不好作短命的念頭。體貼入微，刻劃盡致。怎奈求死不得，求生不能，左思右想，無自為計。身上又是寒一陣，熱一陣，愈覺得不耐煩，到了無可奈何的時候，只好向隅暗泣，滴了幾行傷心淚。好一歇，見母親攜燈進來，略略問了幾句，她方拭了淚痕，低聲作答。未幾母已出外，勉強鎮定精神，閉目靜睡。正在朦朦朧朧的睡去，瞥見燈光一閃，有個青衣侍兒，冉冉而入，眉目間隱含秀氣，裝束亦比眾不同，走近炕旁，向她招手。蘭兒正思詰問，那侍兒偏上前扶起自身，恰不知不覺的隨了她去。甫出家門，即見一片大平原，兩旁都列著古木叢林，濃翠欲滴，還有翠生生的瑤草，紅灼灼的琪花，掩映林間，特別秀豔。蘭兒暗想道，「怎的家門外有這般勝境，我沒病時往來多次，如何並沒有見到？」想念未已。那青衣侍兒走得很速，已與蘭兒隔了一程。蘭兒急行而前，疾走了數百步，方才趕上。這所在又別具一番景緻：左有銀河，右有蓬島，山風颯爽，水石清幽；空中復有白鶴飛舞，羽衣翩躚，非常皎潔，見了蘭兒，彷彿如相識一般，故意低翔在蘭兒頭上盤旋不住。寫得閃爍，恰有仙氣無鬼氣。蘭兒心爽神怡，也不管他是什麼名地，只是隨行隨賞，目不勝接。又行了裡許，前面的侍兒忽已不知去向，但見有一座高曠的樓閣，擋住途中，上面懸著匾額，仰望似有三個大字，既不是漢文，又不是滿、蒙文，並不是篆文、隸文。蘭兒一想：我此番被他難倒了，如何此處的字兒我都不識一個？普通說部敘入幻境，往往向壁虛造什麼樓、什麼閣，還要空撰幾副楹聯，自鳴才學，其實虛無飄渺之間，有何字跡可憑，浪費筆墨，殊屬無謂。故本書獨不落俗套。再從門內探望，復道琳廊，回欄曲榭，都是見所未見。暗想：這裡莫非是瓊樓玉宇？我何幸到此一遊。可惜導引無人，不能擅入，看來只好作個門外漢吧？正想著，那侍兒從門右出來，含笑相迎。蘭兒喜甚，不暇詳問，立即隨入。穿過迴廊，繞出曲檻，方到裡面的大廳。白玉作梁，黃金作柱，碧雲為牖，月為燈，說不盡的華麗，描不盡的精工。所陳几案桌椅等件，並非竹木製就，統是天然的寶石雕砌而成。還有極大的珊瑚樹，極高的琥珀臺，陳設兩楹。真是滿目琳瑯，令人目眩。那蘭兒幾疑身入廣寒，弄得神思恍惚，心不由主。俄聞珠簾響處，香風一陣一陣的吹將過來，接連有環珮聲、履舄聲，雜沓而出。當先的是兩名侍女，輕裾長袖，飄飄欲仙。隨後又有五六個豔姝，身材不相上下，個個似寶月祥雲，明珠仙露。這許多色彩，射入蘭兒眼簾，不由的因羨生慚，自覺形穢。驀聽得一聲珠喉，度入蘭兒耳中，道：「貴客到了，如何不請她進來。」蘭兒一怔，不知誰是貴客？忽由前導的侍兒將她扶入。她進了廳，見各麗姝統站著左首，風環霧鬟，秀逸不群。頓時目迷心折，擬向前屈膝請安。但聽各麗姝齊聲道：「不敢，不敢，你是將來的國母，休要客氣。」奇極。言畢，統向蘭兒握手問好。蘭兒至此，也好像自身已列尊榮，竟放著膽，與她酬答。寒暄數語，漸漸投機，各麗姝就邀她坐在客位。蘭兒不及謙讓，竟至東首坐定。侍女獻上一杯，這杯系碧玉鏤成，異常玲瓏，杯中盛著清水，並無一顆茶葉，偏是芳氣襲人。各麗姝俱執杯勸飲，蘭兒遂一吸告乾，味清而甘，沁入心脾，頓覺精神增倍。飲畢，各麗姝與談故事，有說的是五湖遊興，有說的是六朝韻事，有說的是漢宮歌舞，有說的是天寶風流。實者虛之，虛者實之，此為岐黃家言，小說家亦應爾爾。蘭兒不識玄妙，只隨聲附和數語。忽一麗姝太息道：「我輩昔投塵網，多半有始無終，倒不如今日的貴客，後福無窮。」旁坐一姝道：「這也不可一例論。」隨舉手指上座二人道：「她兩人在漢唐時，非為天子母，操生殺權麼？」弦外有音，閱者莫輕輕滑過。言未畢，廳外忽有人狂呼，惹得蘭兒吃一大驚。此惡聲也，胡為乎來哉！轉眼間，連各位麗姝及一座大廳都不見了。這正是前人所說的：

色即是空空即色，無還生有有還無。

畢竟是何緣故，且看下回分解。

本回從西后才貌，敘出命數來。西后之才，在誤受賻儀時，舉止談吐，已見一斑。西后之貌，定是動人，店主某甲，戲挾其鼻，雖未免唐突西施，然其嫵媚之態，自不可掩。著書人復添入一段幻境，寫得奇詭譎漾，光怪陸離。運實於虛，寓規於諷，不得徒以小說目之。

天語傳宣循章選秀　雲程發跡應旨入宮

卻說蘭兒身入幻境，猛聽得一聲狂呼，連忙張目外瞧，並不見有什麼仙境，只剩了半榻孤衾、虛帷燈火，方覺是南柯一夢。至此始點出夢字，文筆不平。正擬回溯夢境，適惠太太走近炕床，嘮嘮叨叨的問個不休。蘭兒想道：「這聲狂呼，莫非就是我母所叫？她還道我已入黃泉，誰知我卻魂遊仙境。這老人家真是多事，打斷我的好夢，不然我還在仙境與仙侶談今說古呢！」想到這裡，聽母親還是叫她乳名，不禁失聲道：「蘭兒尚生，不煩母親繫念。」惠太太道：「你總是這般性情，我已探視好幾回，見你一味睡著，不免心焦，因此喚你醒來，你還要派我不是麼？」蘭兒聞言，也覺得自己性急。句中有眼。便答道：「我睡了不多時，母親何必焦勞！」惠太太道：「你不聽見街上的梆聲已敲過三下了，停歇兒，便要敲四鼓哩！」蘭兒道：「兒不曾聽見。夜深如許，母親何尚未寢？」惠太太道：「為你有病，所以不暇睡著。」蘭兒道：「兒已好了許多，請母親安睡便是。」那時惠太太方轉身出去。蘭兒躍然起床，剔亮燈光，自覺病勢減去大半。回思夢境，歷歷如昨，口內的津液尚是甘香，不禁自念道：「這個幻夢，若全然是假，如何餘味尚在口中？但不知所遇麗姝果是誰人？且稱我是將來的國母，難道我的窮骨也配做后妃麼？」轉念道：「人無貌相，水無鬥量，西子向業浣紗，飛燕曾充婢役，我雖一貧家女，將來或得幸遇，也未可知。」躊躇一會，忽猛省道，是了，是了，一位是呂后雉，一位是武后曌，所以旁坐的麗人稱她為天子母，操生殺權。其餘就是西子、飛燕一流人物。想她們都是上界仙姝，偶遭塵謫，歿世以後，仍返原座，所以一班兒的住著。但我得與她相會，蒙她以客禮相待，莫非我前生亦與她有緣？揭破宗旨，乃從蘭兒口中敘出，文筆仍不直率。想至此，不覺轉悲為喜。遠遠聽得更鼓頻催，細數鼓聲，已是五下。轉自訝道：「為什麼未敲四鼓，先敲五鼓呢？」心中懷著鬼胎，連四更都未聽見，是所謂心不在焉，聽而不聞。然亦虧著書人描摹。尋聞雞聲已唱，料是時候不早，將要天明。便吹滅了燈，上了炕，把一切思慮暫行擱起，就也安安穩穩的睡去。睡到紅日三竿，方才醒來，起床盥櫛，不消細說。只從是日開始，病體一天好一天，飯量且比前加倍，不到數旬，嬌小的身軀居然壯盛起來。她的母親惠太太，也視為奇異，只口中未曾說明。她日間做些針線，夜間看點詩書，朝夕不疲；且愈覺豐頤廣額，煥採生姿；而且性情也改了好些，就使家內外的人待她有委屈處，她都付之一笑，絕不似當年愁眉淚眼的情形。確是一位有福有壽的女子。旁人見了，也都納罕，統說她病了一場，容體越豐美了，情態越溫柔了。誰知她恰別寓厚望呢。看官記著，這時候蘭兒已十四歲了。點醒年齡，後文可就此計算。

是年道光帝已是晏駕，咸豐帝奕詝嗣位。相傳是一個少年天子，文采風流，京都各官吏起了他一個美號，叫做小堯舜。要引出英皇來了。翌年改元，自春至冬，也沒有什麼奇聞。只廣西金田村的洪秀全，已於去年起事，漸漸猖獗起來。好在京師偏居東北，廣西僻處西南，路隔一二萬里，任他如何緊急，與京師全不相干，輦轂以下，歌頌昇平，毫不見有慌亂景象，獨蘭兒伏處寒門，靜待佳報，竟不聞有什麼好訊息。轉瞬間，又是新年，蘭兒正十六歲了。二八佳人已生得纖穠合度，修短得中。元旦起來，免不得裝飾一番，拜過天地，謁過祖先，再到鄰家賀喜。鄰家看她這般麗質，交口稱讚，都說：「這位好姑娘，將來不知那一個郎君有福消受。」蘭兒聽了，粉臉上不禁臊的緋紅，心中恰恰忐忑不定。是夕即在燈前暗暗卜祝。驀見燈光暈成五色，結成一個大蕊，似為蘭兒預報喜事。隱伏下文。蘭兒看了這個燈花，也不禁驚喜交集。她家本住在京城裡面，地名錫拉衚衕，上文點蘭兒年齡，此處點蘭兒住址，總為不肯直敘起見。若經俗手，必在前文一概敘出，便不見文中筋節。距大內不過數里。蘭兒因這喜兆，便時常託人探聽朝事。有時節省餘錢，買幾張宮門鈔，留心細閱。惠太太常對她道：「你父在日，曾說現今時代，沒有女博學鴻詞，回應首回。你把正經事情做了便是，何苦白費銅錢，去買這等紙張呢？」蘭兒全然不睬，任她母親囑咐再三，她總照舊行事。

一日過一日，春光漸老，紅雨紛飛，蘭兒睹景生情，免不得一番嘆息。不止懷春。到了孟夏時間，忽由宮中傳出訊息：咸豐帝將選立皇后。自是蘭兒特別注意。看官閱此，恐又未免動疑：咸豐帝登位的時光，差不多有二十歲上下，尋常小康人家，十七八歲的兒子，便要授室，難道皇帝家內的太子，年當弱冠，尚沒有正室嗎？正室已定，就是現成的皇后。不過太子嗣位後，稍稍費點冊立的手續，便可了事。何用那蘭兒費心？如此說來，看官豈不要動疑麼？故作疑問，令人刮目。那裡曉得蘭兒的思想，恰是別有原因，原來道光二十八年，曾賜皇四子奕詝大婚，立妃薩克達氏。到二十九年冬季，薩克達氏病逝。越年正月，道光帝又復賓天。皇四子雖已嗣位，究在居喪時候，不能違制續婚，因此改元兩載，中宮尚虛。至咸豐二年夏月，喪服已闋，選后事自應趕辦。清制：凡四品以上的滿蒙官兒所有女子，年在十四以上、二十以下，統可選作宮娥。就中有才色較優的，福氣較好的，得了皇上寵幸，便好升作妃嬪；或乘此得做皇后，也是習見的事情。熟於掌故，故言之了了。蘭兒的父親，本是一個道員，例得與選。且自覺才貌不群，又經那幻遊的夢兆，燈花的喜信，自然暗中盼望，希圖幸遇，並不是無端妄想。解釋明瞭。等到五月內，宮門鈔上，竟登出立妃的諭旨，乃是「晉封貞嬪鈕祜祿氏為貞貴妃」十二字。蘭兒瞧著，料得皇后的位置，定然是這位貞貴妃，萬萬輪不到自身了。一急。隔了數日，又是一道上諭，關係立后大典，載入宮門鈔中。蘭兒忙取讀道：

「朕唯易著咸恒，首重人倫之本；詩歌雍肅，用端風化之原。綏萬福以咸宜，統六宮而作則。或稽令典，乃舉隆儀。貞貴妃鈕祜祿氏，蘭兒看到「鈕祜祿氏」四字，禁不住心頭亂跳。再急。後接讀道：

質本柔嘉，行符律度，自天作合，聿徵文定之祥，應地無疆，斯葉順承之吉；唯克懋修夫內治，允宜正位乎中宮，其立為皇后，以宣壼教。所有應行典禮，著該部察例具奏。」

讀畢，將宮門鈔擲案道：「這遭完了，我早料著這鈕祜祿氏要正位中宮了。只是我……」說到「我」字，竟噤住了喉，撲簌簌垂下淚來。至此是三急了。但蘭兒尚未入宮，便已覬覦后位，也太覺性急了些。又默唸道：「時來神默佑，運退鬼揶揄。像我這樣窮命，那裡來的貴顯！前年的幻夢，明明是著了鬼迷。咳，蘭兒，蘭兒！今生今世休再作痴想了！」正沉吟著，忽見她妹子趨入道：「皇帝要選秀女了，阿姐可曉得麼？」蘭兒道：「你又來瞎說了。」她妹子道：「什麼瞎說，我母親正與一個來人說話哩。」蘭兒知是真情，便移步出房。聞他母親喂喂唧唧，方說個不休。仔細一聽，乃是推說女兒年輕，尚難與選，等語。她不覺心下一怔，竟三腳兩步的走了出去。只見一個部吏模樣，立在門石，巧與自己打個照面。他竟嚷道：「這，……這不是你家閨女麼？不但年齡及格，就是這般美貌，也是寡二少雙，看來定中聖意。他日得著榮封，我們還要叨賞哩！」惠太太尚未答說，蘭兒即向前道：「尊駕說的什麼？」來人道：「聖上要冊立皇后，另須選秀女數十人，作為差遣。這數十人內，但教福命生得好，怕不是排著妃嬪。沒有官職的人家，有了女兒，一生世都想不著，你家老太太，遭此際遇，偏要左推右諉，真正不解！」蘭兒道：「聖旨已頒下麼？」來人道：「已頒下兩日了。」說至此，便在懷中取出一紙，遞與蘭兒。蘭兒見紙上錄著諭旨，略謂：凡滿洲秀女，至當選之年，容貌端正者，著內務府報名候選。此外不過普通話頭。閱畢，將紙條遞還。並問道：「既然聖上要選秀女，我就去。」成竹在胸。惠太太聽了一怔，扯著蘭兒衣，向她耳旁密談了好幾句，蘭兒搖頭道：「母親亦太多慮，兒自有處置。」面向來人道：「尊駕想是內務府承值，請少坐賜教。」來人應聲稱「是」，便在炕上坐定。蘭兒道：「要去應選，是否先要報名？」來人道：「這個自然，現請書就，交我便是。只籍貫、名字、三代、住址、年齡，統須開列，不可缺一。」蘭兒答了「是」字，便轉身進房，一一寫就，復出去交與來人。來人細閱一遍，起身告別道：「日後恭喜，再來領賞。」言畢徑去。惠太太卻沉著臉道：「蘭兒，這是你自家情願的，將來不要怨我。」蘭兒道：「母親何出此言？」惠太太道：「你年紀尚輕，全不曉得秀女入宮的苦處。你父親在日，我是聽他說過的，秀女選入宮中，永遠不能出來，連父母都成永訣。所以我們旗員遇著點選秀女的日子，有錢的出錢買免，沒錢的也要設法隱瞞。你為什麼大膽出來敢去報名，自投死路！」從惠太太口中敘述原因，方將上文的寓意說明。蘭兒笑道：「福兮禍所倚，禍兮福所伏。人家看得這般困苦，我偏要親去一行。若照母親說來，是本朝點選秀女，簡直是沒人應命呢，恐怕沒有此事。」惠太太道：「那是沒法兒的人，只好拚著一個女兒，令她應選。」蘭兒道：「我家窮苦得很，正是沒法兒的時候，兒願拚生出去，不愁中選，但愁不中選，中選了，或尚可尋條出路，他日弟妹兩人也好從中援手。不中選了，那便一生不出頭呢！」人棄我取，這正是冒險精神。惠太太聽了，倒覺有理，就也不與計較。蘭兒略略辦些衣飾，準備入宮。已有把握。轉瞬間，選期已到，內務府的差人先來報知。屆期這一日，蘭兒凌晨起床，加意梳洗，輕勻粉靨，淡掃蛾眉。妝罷，添著了幾件新衣，復對著鏡子，整理了一會，然後緩步出房。這時惠太太已起，在堂前焚香爇燭，令蘭兒拜別祖先。蘭兒恭恭敬敬的行了全禮，轉身向母親跪將下去。惠太太含著淚道：「此去若不中選，不必說了，若中了選，得蒙恩寵，休要忘了我。」「我」字未曾說完，那喉嚨已哽咽不住，眼淚亦垂將下來。蘭兒看這情形，也是心中一酸，偏強顏為笑道：「養育深恩，寧敢忘懷？得蒙中選，好歹要出來省視，請母親勿憂。」說得到，做得到，預為下文伏筆。惠太太點了頭，令她起立。但聞一聲嬌呼道：「阿姐少待，我與你同去。」蘭兒視之，乃是幼弟桂祥，偕妹子攜手同來。當即握著桂祥手道：「我不到別處去。」桂祥瞧著蘭兒道：「姐今日著了新衣，妝扮得這般齊整，莫非去見皇帝不成？」活肖童話。蘭兒道：「你倒有點聰明，我去皇帝殿上，取個頂戴給你可好麼？」躊躇滿志之言。桂祥道：「好，好！」蘭兒復語妹道：「妹子，你今年也十多歲了。我去後，今日若不回家，須要住在宮內。上奉老母，下顧弱弟，全靠你一人了，愚姐到要重託。」言罷，即向她一揖，慌得她妹子還禮不迭。忙道：「阿姐今日敢是在家演戲，怎麼拜起妹子來？」蘭兒正色道：「我是真話，願你無忘。若能得志，我也絕不忘你。」都為後文伏案。她妹子見她認真，不禁淚隨聲下，道：「妹無才能，恐不勝所託。但願姐姐此去，遇著順風，遙為照顧方好。」此女吐屬也是大方，將來不愧為福晉。言未已，聽輿聲已轆轆到來。復有人在門外嚷道：「輿已到了，請姑娘即刻上輿，免誤時刻。」惠太太聽著，忙取出餑餑，令蘭兒吃著。蘭兒勉勉強強地吃了數枚，就向母親告辭，復與弟妹話別。兩下里不免有點酸楚，還是蘭兒忍著淚道：「我去了！」一聲何滿子！匆匆出門，上輿徑去。惠太太送出門外，直至輿已不見，方轉身而入。這時桂祥被輿夫一嚷，好似鉗住了口，呆如木雞一般；惠太太又淌了無數眼淚。

閒文少表。單說蘭兒自上輿後，由輿夫趲程前往，不到數刻，已達紫禁城，繞牆而行，至東華門，輿夫停住。由前導的部吏，令蘭兒下輿，引入門內。兩旁有衛兵站列，都執著亮晃晃的寶刀，門側設有公案，案右坐著一位藍頂的官兒，旁立衙役數人。有幾個進去的官員，統在案前驗照。那時部吏也取出一紙，由守門官驗畢，即遞向蘭兒道：「這是一張出入的憑據，你須好好攜著，休要失去。」蘭兒點頭會意。部吏又引入二門，內有宮監接著，由部吏報明蘭兒姓名，即轉身自去，蘭兒隨了宮監走入紫禁城。城內有一條甬道，用白石砌成，很是平坦。前行有幾個官員，想是去上朝的，又有幾個旗女，也有官監帶著，想是去應選的。沿途有石凳好幾座，南北各有階級。拾級而上，又隨級而下，行了好一程，又過了幾重禁門，才見有宮殿在前，建築壯麗，氣象巍峨。著書人定必到過禁城，所以敘述周到。宮監停住了腳，蘭兒也隨他站住，左顧右眺，已立著好幾十名旗女，多是脂粉盈盈，未能免俗，天然美麗的不過數人。蘭兒暗想道：「我的姿色難道不及她們麼！」正思念間，前面來了一員總監，叫各秀女站立兩旁，一一點驗執照。驗畢，教她御前儀注。待諸女各已領會，方從一殿旁匯入。經過好幾條復道，始到宮門。蘭兒舉目仰望，門額有壽康宮三字，滿漢合璧。大眾齊到門前排班候駕。約過了兩小時，駕尚未至。各旗女都不免有些睏倦，懊喪聲、愁怨聲，雜沓並作。惹得總監怒目道：「聖駕將到，不得嘆息！」於是諸女皆屏息不敢出聲。俄頃間，有一簇侍衛，擁著一乘黃緞繡龍的御輦，四平八穩的抬將過來。總監命諸女俯伏兩旁，自己亦俯伏在地，候御輦過去，已入宮門，方才起立，令諸女亦一律立起，魚貫而入，靜候階下。俄聽裡面傳出姓名，一個一個的召入。蘭兒排在後列，又待了好多時，置蘭兒於後列，也是總監的私弊，誰知她竟後來居上呢。蘭兒才聽得一語傳宣，令她見駕。蘭兒鎮攝心神，款款輕輕的走將進去。在下有詩詠蘭兒道：

斂笑低鬟上玉墀，九重春色正遲遲。
牝雞莫道長雌伏，振採堯階比鳳儀。

未知蘭兒中選與否？待到下回說明。

此回為承上起下之文。以蘭兒為主，以惠太太及桂祥諸人為賓，信手寫來，都成妙諦。蘭兒近於痴，非真痴也。惠太太近於呆，非真呆也。若蘭兒之弟妹，亦自有過人處。作者處處顧著上下文，手揮五絃，目送飛鴻，故有含蓄不盡之妙。若第曰：當時口吻固應爾爾，則猶一皮相之見也。

列宮眷供直坤闈　近天顏仰承帝澤

卻說蘭兒移步上階，趨入禁中，見地上鋪著紅氈，料是拜跪的地方，當即遵著總監的諄囑，恭恭敬敬的跪下，口稱蘭兒叩見，並照例叩了幾個頭。但聞上面諭，著令她抬起頭來。她遵了旨，偷眼一瞧，見上面坐著一位老年旗婦，和顏悅色，彷彿如西池王母一般，料想定是皇太后。稍差了些。再從右首旁矚，巧與咸豐帝的龍目覷個正著。咸豐帝目不轉睛地注視著她。她不禁又驚又喜，暗忖這少年天子，莫非已看中了麼?情腸一轉，羞態橫生，又不好垂頭，只好微掩秋波，由他諦視。誰知她梨頰嬌姿，越形嫵媚，紅中帶白，白裡含紅，又經那兩鬢烏雲籠住春色，酒不醉人，人自醉，色不迷人，人自迷，弄得咸豐帝越看越愛，好一歇，沒有聲響。旁立的宮監們、侍女們，也覺納罕得很，若非宮禁森嚴，幾乎要喝起採來。極力摹寫。那上座的旗婦道：「此女頗有福相。」這一句話，傳到咸豐帝耳中，方回視道：「慈鑒定然不錯！」遂握著硃筆，把名單上圈了兩圈，遂諭貼身宮監，令他引去。未幾罷選。後來由蘭兒探聽，方知這番點選秀女，報名的共六十人，中選的只二十八名，有三十二人不中選，一律送回。上座的乃是皇太妃博爾濟吉特氏，咸豐元年，尊封為康慈皇貴太妃，至五年間，始上尊號為康慈皇太后。原來咸豐帝系孝全成皇后所生，道光二十年春月，孝全成皇后崩逝，咸豐帝尚在童年，全賴這位皇太妃撫育，所以咸豐帝非常感激。道光帝續立孝和睿皇后，至道光二十九年間，睿皇后又復謝世。因此咸豐改元，只剩這位皇太妃，算是宮闈裡面的領袖。咸豐帝先奉她居永春宮，復移居壽康宮，問安視膳，習以為常，差不多與親生母一般。此次挑選選秀女，特地到壽康宮，也是尊重皇太妃的意思。原原本本，不稍模糊。這且休表。

且說蘭兒中選後，由宮監領入別宮，當由總監奉了上命，派往坤寧宮當差。這坤寧宮系皇后所居，自孝和睿皇后梓宮，奉移昌陵後，坤寧宮已闃寂二年。這時預備立后，又要熱鬧起來，一切布置，隨處需人，所以此番中選的秀女，多派往坤寧官承值。蘭兒也得了這差，自晨至晚，奉職維勤，暇時與各選女晤談瑣事，倒也不嫌寂寞。且蘭兒足智多才，又用出一番溫和手段對待別人，大眾都與她親近，沒一個挾怨生嫌。因此，蘭兒在宮充役，尚覺愜意。但久別思親，人情同然，蘭兒自入宮後，把家中訊息隔斷，一些兒沒有聞知，未免心中懸念老母是否平安？弱妹幼弟是否馴擾？饑飽若何？寒暖若何？都一一掛肚牽腸。更有一種說不出的心事，在下也不能不摹擬出來。體貼入微。奉詔應選時，曾蒙咸豐帝特別端詳，垂著青眼，滿擬一入宮中，即邀寵幸。誰知過了數旬，杳無喜信。皇上又整日不來，就使來了一兩次，也是足跡不停，無從見面。若長此過去，那裡有出頭日子，恐怕要應那母親的前言，如何是好？轉又自解自勸道：吃得苦中苦，方為人上人，我入宮不到數月，何能驟沐皇恩。只好靜俟機緣，再作計較。目下立后的吉期，日近一日，皇后一到，皇上必時常臨幸。我在這地當差，不怕不覲見天顏，那時憑我這般才色，對著皇上總有機會可乘。就此一想，萬種幽愁，不知不覺地消了一半。

看官，上文說的蘭兒見駕，咸豐帝很是愛她，如何中選多日，並未召幸，難道真貴人善忘麼？這正是一大疑團，看官試一猜之。說來又是話長，在下又不能不敘。

當咸豐帝挑選秀女時，他因旗女的顏色，多是平常，曾想選幾個漢女入侍宮闈，作為妃嬪。可奈神武門內，懸有厲禁。在昔，順治初年奉皇太后懿旨，有以纏足女子入宮者，斬。祖訓煌煌，不能違背，未免愁煩得很。誰料那先意承旨的宮監，探得咸豐帝口風，竟向外省民間採了絕色漢女好幾名，送入圓明園中。逢君之惡，統由若輩。這圓明園是清室第一個靈囿，由雍正時開手建築，至乾隆朝方才告成。宏敞壯麗，曠古無兩，連園門都有十八座，就中龍樓鳳閣，桂殿蘭宮，瑤草瓊葩，珍禽異獸，實是數不勝數，賞不勝賞。就使左思的《三都賦》，司馬相如的《上林賦》，摛藻揚華，尚不能彷彿二三。是誇張語，亦是諷刺語。雍乾以後的嗣君，每值朝政餘閒，在園中遊幸，作為消遣。此次漢女入值，乃是破題兒第一遭。漢女的裝束比旗女秀媚得多，旗女是天足圓趺，縱有三分姿色，終未能婀娜動人。漢女素來纏足，於體育上原是有礙，於姿態上實屬增嬌，裙下雙彎，真個銷魂。作者殆亦喜纏足女子耶，一笑！而且咸豐帝生長禁中，從小兒跟旗女廝混，定然數見不鮮，驟遇漢女入園，那得不刮目相看。當下天顏大悅，厚賞宮監，讚他變通古制，易宮至園，無違祖訓，克慰朕心，真是敏幹得很！遂派各漢女分居亭館，自己做個花國蜂王，任情恣採，今夕是這個當御，明夕是那個侍寢。得寵最甚的，計有四人，都各賜她芳名，叫做牡丹春，海棠春，杏花春，武陵春。四春佳麗聞名天下，看官試想，這咸豐帝戀著四春，已是應接不暇，還有什麼心腸，憶著蘭兒！所以蘭兒入宮，竟落得長門寂寂的樣子。原來如此。

轉瞬是小春時光，立后的佳期已到。咸豐帝先遣官，祭告天地、宗廟、社稷，隨後命大學士裕誠為正使，禮部尚書奕湘為副使，持節齎冊，立貴妃鈕祜祿氏為皇后。乾德當陽，坤儀正位，這是極大的典禮，宮裡面忙碌得很。咸豐帝出御乾清宮，受皇后禮；皇后入御坤寧宮，受妃嬪以下各人的朝賀。蘭兒也列入末班，一同拜謁。禮成後，宮內外供差的人，都沐恩賜，連蘭兒也得了厚賚。自是蘭兒手頭頗有些寬綽起來。起初入宮，因家況艱難，只置了幾件布衣粗服，至此蒙恩受賞，把衣飾盡行掉換，越顯得玉質金相。俗語說得好，佛要金裝，人要衣裝，確是閱歷有得的話頭。打扮得身子兒乍，準備著神女會襄王。

自皇后冊定後，坤寧宮內，御駕頗常往來。只皇后的品貌雖也齊整，性情兒卻很是幽嫻，一切行動舉止，統是大大方方，半點兒不露輕狂。這番由妃升后，暗中是康慈皇太妃主張，咸豐帝奉命而行，面上頗還相敬，心中不甚加愛。這蘭兒聆音察理，鑒貌辨色，已覺得窺透三分。本想搭渡過橋，先從皇后身上用些揣摩迎合的工夫，令皇后歡喜了她，隨時入侍，好藉此親近天顏。怎奈皇后秉性誠樸，不喜逢迎，任你如何巴結，她總淡淡兒的對付。慣作頓挫之筆。蘭兒無從入手，頗覺憂煩。過了一月有餘，御駕且不甚臨幸。皇后還未曾注意，蘭兒卻很是縈愁。她從各宮監處探問底細。宮監因與她莫逆，稍稍得著外面的風聲，就私自報聞，什麼海棠牡丹的名號，說得天花亂墜。那蘭兒不聽猶可，聽了這種訊息，耐不住心頭撞鹿。統是對頭。外面雖強作歡笑，意中是著實焦勞。有幾個狡黠的宮監，從她一顰一笑中，覷著愁腸，也猜不透有什麼心事。各選女或與她同情，暗自希望，總不及蘭兒的著急。只選女中有一位鈕祜祿氏，乃是皇后的妹子，承恩侯穆揚阿次女。穆揚阿得隴望蜀，又把次女應選，選入後，也在坤寧宮承值。皇后誼篤同胞，自然另眼相待，朝夕不離。蘭兒背地裡常叫她作西宮娘娘，及見了面，恰是備極謙和，異常親暱。她道蘭兒是真心要好，因在皇后前代為揄揚。皇后本沒有成見，聞妹子時常說項，也便惦記在胸，略略優待。本是一個大對頭，恰成一條大引線。蘭兒得步進步，就向皇后寢室間時去侍奉。

無巧不成話，這日，皇后正赴壽康宮請皇太妃早安，許久不回，偏偏聖駕趨至。

各侍女統隨皇后出去，只有蘭兒一人獨自接駕。機緣到了。咸豐帝一入寢門，蘭兒即款步上前，折腰屈膝，俯伏地下，口稱：「婢子蘭兒謁見萬歲爺。」這九個字本是尋常例語，偏經那蘭兒口中道出，恰似嚦嚦鶯聲，清脆的了不得。咸豐帝聽這嬌喉，已是可愛，又聞著蘭兒兩字，不由得兜上心來。便道：「你且起來，皇后到那裡去了？」蘭兒謝過恩，稟過皇后請安的事情，方亭亭起立，站著一旁。咸豐帝留心一瞧，但見她豐容盛鬋，皓齒明眸，身量苗條，肌膚瑩潔，濯濯如春月楊柳，灩灩似出水芙蓉。寫得極豔。不禁暗忖道：「這個俏面龐，我曾在那裡瞧過，只今日比著往時，又覺得嬌豔多了。」左思右想，一時記憶不出，上林春色迷離甚，莫怪東皇記不清。便挑選一座兒坐下，問蘭兒道：「你到此有多少日子了？」蘭兒又要跪稟，經咸豐帝賜她特恩，令她立對，蘭兒此時獨運慧心，輕啟繡口，道：「沐恩承值已閱半年。」咸豐帝道：「照你說來，敢是本年入宮麼？」蘭兒道：「本年五月內，奉詔應選。」咸豐帝不待說畢，就爽然道：「不錯，不錯。你是從秀女選進來的，我因政務匆忙，竟至失記。」朝政耶！園政耶？我卻想替蘭兒一問。蘭兒聽了，恰微帶笑容，別具一種嫣然態度。好做作。咸豐帝又問道：「你今年有若干歲數？」蘭兒道：「已一十六歲了。」

咸豐帝道：「你的父母尚在麼？」蘭兒道：「婢子的父親，去世已經三年，家中只一老母，及弟妹兩人。」咸豐帝道：「你父親名什麼？」蘭兒道：「名叫惠徵，曾蒙先皇帝特恩，賞給道員，分發安徽。」咸豐帝道：「想你也隨任有年？」蘭兒答一「是」字。咸豐帝道：「怪不得你有南音，連身材兒都像南人。」蘭兒聞這兩語，摸不到頭腦，不識這位聖天子是褒她，抑是貶她。俄聽咸豐帝自語道：「北地胭脂不及南朝金粉，無怪這莫愁天子哩。」這數語恰有來歷，圓明園中的四春，多從南方採入，得了聖眷，咸豐帝借彼例此，因此脫口而出。蘭兒本熟諳史事，料是咸豐帝有意稱揚，自然化愁為喜。又聽得咸豐帝道：「蘭兒你拿杯茶來！」蘭兒得著這旨，喜得心花怒放，忙取著玉杯，就御爐上面的壺中，倒了一杯香茗，雙手持奉，殷勤中帶著三分羞怯。咸豐帝一面接茶，一面覷著她粉臉，嬌滴滴越顯紅白，愈覺撩人，但因尊為天子，不好妄為，只得暫時忍住。蘭兒覺著，不由的把頭一低。待咸豐帝喝過了茶，去接玉杯，這雙天生的柔荑，映入咸豐帝目中，豐若有餘，柔若無骨，咸豐帝竟按不住情腸，突伸手捻她玉腕。那蘭兒猝不及防，險些兒把玉杯擲下，虧得神明保佑，還是捧住。只面上的紅雲，更一陣一陣地紅暈起來。好似一出遊龍戲鳳。忽聞寢門外面，蹴舄傳聲，佩環遞響，她料得皇后返宮，未免有些驚惶。幸皇帝也頗知趣，已將御手縮回，蘭兒才得持了玉杯，擱置一旁。說時遲，那時快，皇后已踱入寢宮。見皇帝上坐，即向前行禮，並宣告接駕過遲的緣由。咸豐帝只是點頭，不加詳問。隨後與皇后閒談數語，便起身出門。臨行時蘭兒尚在旁站著，御目又將她一瞧，蘭兒為避嫌起見，不敢抬頭，秋波中恰已映著。那咸豐帝已龍驤虎步的走了出去。蘭兒懷著鬼胎，恐被皇后察覺，向她盤詰。好在皇后度量寬宏，並沒有一點醋意，只問了一聲道：「御駕何時到來？」蘭兒答是不過片刻，輕輕地掩過前情。此後待了半日，皇后不曾再問，蘭兒方覺放懷。此外的侍女、宮監，與蘭兒向無嫌隙，自然不去干涉。

冬日晝短，倏忽天昏。晚膳畢，收拾明白，就沒有什麼事情。等到更鼓初催，也不見御蹕前來。又過了一時，各侍女奉皇后命，陸續退歸安歇。蘭兒也返了寢處，正在挑燈展衾，默憶那日間幸事。猛見一宮監跑入道：「聖旨到，召你前去。」天外飛來。蘭兒還疑他是戲言，粲然道：「休來取笑。」宮監道：「那裡說來，現有別宮的幹役，待在門外，乃是聖上的心腹人叫你，快快遵旨，隨他過去。」蘭兒還抿著嘴道：「可真麼？」宮監頓足道：「自然真的，聖旨豈容捏造！」蘭兒才信為實事，即就鏡匣等，草草的把鬢髮一攏，花容一整，已被宮監催逼得慌，當即轉身隨他出門。及到門外，果有兩人執燈候著。見蘭兒出來，一導一送的推輓前行。出了坤寧官，就向間壁的宮中擁將進去。這宮比坤寧宮似覺較小，到也精雅絕倫。蘭兒由兩宮監引入耳室，便把召幸的故例，與她密談了幾句，再把一件氅衣，交與蘭兒，然後退出門外。這時的蘭兒，也顧不得什麼，只好遵著密囑，卸去了妝，復將內外衣裳一律脫去，赤條條一絲不掛，然後把氅衣穿上。結束停當，方口稱「領旨」二字。宮監聞聲進來，竟將蘭兒負在肩上，匆匆馳入。看官，你可曉得這個故事麼？相傳雍正帝臨終，是被一俠女所刺。後來的嗣皇帝，特別加防，每日召幸妃嬪，必命宮監傳知，令妃嬪盡弛祖衣，免得懷挾匕首，臨時送上氅衣，暫畀裹束。當由宮監負入御寢，再將氅衣卸去，方入御衾，以便當夕。蘭兒由宮監負入後，自然照辦，脫去氅衣，光著身子，戰戰兢兢地鑽入御衾中。這一夜的風情，非筆墨所能盡宣，真個是萬種纏綿，千般恩愛。直到次日辰刻，日上三竿，咸豐帝才起身視朝。朝上的大臣，還道是皇帝眷戀皇后哩。不到幾天，就有一道恩旨，頒入宮來，封選女鈕祜祿氏為嬪，那拉氏為貴人。後人有宮詞一首，詠那拉貴人道：

納蘭一部首殲除，婚媾仇讎筮脫弧。
二百年來成倚伏，兩朝妃后侄從姑。

這回結束，已說到那拉貴人初承恩澤了。欲知後事，且看下回。

此回所述，仍述那拉氏乎？曰唯唯，否否。那拉氏入宮，其心目中之所注者，唯咸豐帝。彼固挾一希望而來，無足怪也。設令咸豐帝遠色親賢，雖百那拉亦何傷？況鈕祜祿氏正位中宮，德性貞靜，固明明一賢內助也！否則四春爭寵，正兆禍胎，即神武門祖訓昭垂，不能入宮專政，而蠱惑人主之心志，已屬有餘。蛾眉伐性，「哲婦傾城」，古訓煌煌，云胡不戒？咸豐帝於此不察，嬖四春，兼寵那拉，咎有攸歸，於那拉何尤焉！項莊舞劍，意在沛公，吾於此回亦云。

沐慈恩貴人升位　侍御寢皇子懷胎

卻說蘭兒受封貴人，心中很是感激。但尚有一些不滿意的地方：皇后妹子鈕祜祿氏，也蒙皇上寵幸，竟得受封為嬪。清制：皇后以下，一貴妃，二妃，三嬪，四貴人。蘭兒雖沐貴人封號，與皇后妹子相較，究竟尚差一層。天下那有知足的人，得了這般，又想那般，因此還生觖望。暗想：鈕祜祿氏，系椒房貴戚，自己如何趕得上她！現在別無希望，只望將來得生一子，更增帝寵。或者依次升位，與她並駕齊驅，不負所望才好。自是遇咸豐帝召幸時候，百般獻媚，百般效勞。床闥之間，鞠躬盡瘁，把一個咸豐帝籠絡得綿綿貼貼。後宮佳麗三千人，三千寵愛在一身，差不多有這般情況。引用白樂天長恨歌，語中帶刺。

一聲爆竹，又是新年。咸豐帝謁過太妃，再御太和殿，受朝作樂，宣表如儀。禮成後，入御乾清宮，賜近支親藩等筵宴。宴罷回宮，皇后鈕祜祿氏，帶領妃嬪以下一班宮眷，已早自壽康宮行禮回來，接著御駕，排班覲賀。這位那拉貴人打扮得齊齊整整，隨班叩謁。咸豐帝瞧將過去，覺得她的姿色比眾不同：眉不畫而黛，唇不染而朱，髮不塗而黑，面不飾而白，別有一種豐韻，默默賞鑒了一回。情人眼裡出西施。隨令皇后先起身旁坐，然後諭大眾一齊起來。各妃嬪等又向皇后行過了禮，當由咸豐帝特沛恩綸，一一賜坐。未幾開宴，瓊筵坐花，羽觴醉月，樂得咸豐帝目眩神迷，大有願老溫柔的思想。可惜四春娘娘不能入宮，總未免有些缺憾。酒半酣，咸豐帝左顧右盼，看到末座的那拉貴人酡顏半暈，秀色可餐，一雙剪水秋波，微微蕩漾，似覰非覰，尤足令人油然生愛。等到酒闌席散，大眾都謝了恩，奉旨還宮。是夕，咸豐帝宿在皇后宮中。他是循例的規矩，且不必說。到了次夕，聖駕即召幸那拉貴人，春風一度，暗結珠胎。不到數日，那拉貴人即懷酸作嘔，患起病來。咸豐帝命太醫診視。奏稱熊羆葉夢，龍鳳呈祥。這時候咸豐帝尚無冢嗣，聞到這語，喜得什麼相似，向那拉貴人道：「如果生一皇子，朕定封你為妃。」那拉貴人忙跪地謝恩。煞是靈警。咸豐帝笑道：「現尚未封，如何謝恩。朕沒有見過這樣性急的人！」那拉貴人跪奏道：「天子無戲言，桐葉分封，乃是古時的佳話。像萬歲爺這般聖明，難道不及周成王。所以婢子便好謝恩了。」咸豐帝道：「看你不出，你胸中頗有些學問，好算得才貌兼全。但你怎麼曉得定生皇子？」那拉貴人含羞道：「萬歲爺龍馬精神，自然麟趾振振，怕不是產下皇子嗎！」真善應對。咸豐帝喜甚，從此越加寵眷。看官記著，自這回起，在下把蘭兒二字的芳名只好擱起，改稱那拉貴人。此後加一級，易一名，無非是隨時論時呢。那拉氏屢易名號，所以特地提出，下文仿此。

且說那拉貴人滿望產兒，好博個皇妃位置。眼睜睜的過了十月，尚是不曾分娩。待到十月滿足，腹中始覺震動。宮中早預備託生的穩婆，聞貴人將要臨盆，預來伺候。不多時產期已屆，那拉貴人腹痛幾陣，便產下一個嬰兒。急問穩婆：是男？是女？待了半晌，未見回答，又催問了一聲。方聽了穩婆道：「恭喜！一位公主。」那拉貴人聽說，不禁說出「阿喲」兩字。文筆又要頓挫。當下心灰意懶，又臥病了好幾日，方漸漸回轉心來。愁腸一釋，病體自痊。只瞧著這個女嬰，尚是把她埋怨。有時雖由侍女抱著，她還要大聲指斥，嚇得這女嬰啼哭不已。不到一月，竟爾玉殞香消，回到鬼門關去了。彷彿是武后心思。那拉貴人也沒什麼傷心，但愁著自己命蹇，無從加封。

帝眷雖尚未衰，究不能天長地久，綿綿無盡。有時且望斷羊車，整月間不來召幸。重門寂寂，孤帳沉沉，任你如何惆悵，那個前來慰問！她到無可奈何的時候，窮思極想，又被她想出一個妙法來。她想前日應選，由康慈皇太妃讚了一語，方得中彀。這位皇太妃系咸豐帝養母，平時很是孝敬，若得她從中提拔，加封也容易得緊。只慮著康壽宮中，無故不能進謁，縱有這條線索，也是枉費心思。想了又想，畢竟靈敏過人，比不得什麼笨伯。她自己不好擅去，她偏從宮婢宮監上著想。躊躇一會，就先調查本宮。湊巧有一個侍婢，與康壽宮的總監，有點親戚關係。她不覺喜上眉梢，便叫那侍婢進去，與她密談多時，令她到該總監處，暗地關照，代為運動。天下無難事，總教現銀子。那拉貴人有此重委，自然不惜金銀。那侍婢既受了密囑，復齎了銀兩，即到該總監處傳達主命。該總監早探悉那拉貴人深得帝寵，樂得賣個情面，把銀兩現成收用。只囑宮婢復稟，請貴人不要心焦，當留心機會，替她進言。那拉貴人遂耐住了心，靜候訊息。

是年京師內外，風霾屢作，日色無光，欽天監等屢報天變。咸豐帝下詔罪己，並屢詣天壇祀天，祈福禳災。天何言哉，天何言哉！何奈天未悔禍，警信迭聞，東南一班的紅巾，猖獗的了不得，自粵西衝出湖南，越洞庭，掠武漢，順江而下，勢如破竹，一座龍盤虎踞的南京城，不消幾日，被紅巾長毛攻陷，江督陸建瀛等自盡。那長毛頭兒洪秀全，居然自稱天王，懸起太平天國的大旗，與清朝南北對峙。洪秀全在永平縣中已自稱天王，僭號太平天國。本回隨筆帶敘，故不另述年、月、時、地，且是書以那拉氏為主，詳內略外，閱者當勿苛求。鬧得這位咸豐帝，神色倉皇，日日在軍機處，與各王大臣籌畫機宜，調遣將帥，撫卹殉難的官吏，幾乎食不甘，寢不安，還有什麼工夫臨幸宮闈，尋那雲雨高唐的好夢！那拉貴人還疑是椒房雨露不到蓬萊，一面飭宮監密往坤寧宮，偵伺聖駕，一面囑宮婢密往壽康宮，探聽慈音。旋聞得紅巾騷擾，朝政紛紜，一位綺年玉貌的天子，忙到憔悴不堪，又恨不得親去勸慰。

一日一日的蹉跎，又是長至節到了。一陽應律，六琯飛灰，聞咸豐帝偶患腿疾，把南郊大祀的典禮，都遣恭親王奕訢恭代，正是焦急異常。叫你少去引誘，皇上的腿疾也自少減了。到十二月間，復探得明年元旦，有停止朝賀的上諭，益覺驚惶不定。眼巴巴的等到新年，外廷的朝賀雖遵旨停止，宮闈中總還是照常。元旦天明，皇后妃嬪等人，照例至壽康宮行禮，那拉貴人自然相隨，叩過了康慈皇太妃，但覺和藹的慈顏，瞧著自己面目，特別注意的樣子。有心人遇著有心人，乃爾乖覺，不足為外人道也。迨出了壽康宮，轉至坤寧宮，等了一歇，咸豐帝駕到，免不得站班迎駕。當下瞻仰御容，似乎清減了許多。這日禮畢，咸豐帝沒甚情緒，與皇后略談數語，便令各妃嬪等退去。自在坤寧宮靜臥一天，次日便晨起臨朝，批閱章奏去了。

轉瞬間又值元宵，金吾不禁，皓魄初圓。那拉貴人正倚欄觀月，忽由宮監前來，宣旨特召。那拉貴人默唸道：今夕何夕，見此良人。便移動嬌軀，隨至御寢。是夕進御，那拉貴人卻裝出一種半推半就的模樣。又要作怪了。咸豐帝怪著道：「朕為這長髮賊，鬧得心慌，多日不來召幸，累你寒衾冷落，辜負良宵。你莫非有些怨朕麼？」那拉貴人道：「婢子怎敢！唯婢子恰有幾句話兒，不好不奏，又不好直奏，還求萬歲爺恕罪，方敢奏明。」咸豐帝道：「你儘管講來，朕不罪你。」那拉貴人道：「自去年起，聞長髮賊盜弄潢池，致聖躬憂勞宵旰；一日萬幾，都要萬歲爺一人辦理，就使有什麼精力，到了休息的時光，也須加意珍攝。萬歲爺的龍體上承列皇，下系萬民，何等鄭重，但能特別保衛，婢子比永夜承恩，還要快慰哩。」欲取姑與，絕妙好辭。咸豐帝笑道：「你甘居寂寞，不願歡娛麼？」那拉貴人道：「歡娛事小，國家事大。就是別宮妃嬪，也應知聖躬近日加倍焦勞，不好因一夕歡娛，有礙聖體。婢子愚昧，所以竭誠奏聞，總教萬歲爺俯鑒愚忱，康強逢吉，婢子還有何說。」咸豐帝聽罷，不由的偎她嬌臉道：「瞧你這樣說話，真是一個賢德女子，朕心亦為感動。怪不得康慈皇太妃也說你賢淑哩。」暗應上文。那拉貴人至此，才曉得運動有效，非常欣慰。這一夕間，芳情脈脈，軟語喁喁，惹得咸豐帝特別憐愛，擁著這嬌嬌滴滴的玉體，倍施雨露，因此那拉貴人又受了孕。咸豐帝知她有孕，就立降綸音，封那拉貴人為懿嬪。在下又要把她易名作那拉懿嬪了。

那拉懿嬪有了孕，總道此番得采，定產麟兒。誰知天不做美，偏偏到了十月間，變雄為雌，又產下一位公主，這正叫做謀事在人，成事在天呢！那位懿嬪兩次失敗，懊喪的了不得。自此強抑痴情，把前時的聰明才智暫且擱起，只聽那自己的命運隨便過去，閒著時，令宮監到朝房內索了幾張月鈔，披閱一週，覺得長江一帶，亂得一團糟，不免也有些擔憂。閒中著筆，隱伏下文。

一日，忽有一宮監奔入道：「娘娘不好了！不好了！」那拉懿嬪愕然道：「你為什麼事這般大驚小怪？」宮監道：「今日從朝上傳來，有無數長毛攻入京中來了！」

那拉懿嬪道：「你不要瞎說，我曾見月鈔上載明京內外軍報：江南提督向榮，江北欽差琦善，兩下紮住大營，圍攻南京，頗獲勝仗。就是北犯的長毛頭兒，有叫做林鳳祥，有叫做李開芳，也由惠親王綿愉，科爾沁郡王僧格林沁，欽差大臣勝保等，迎頭截擊，想也不至有危急情事。」敘入此段以見那拉氏之留心外政。宮監道：「難道是謠言麼？今日聖上頒諭，嚴責僧王爺，斥他剿匪不力。什麼深州，什麼獻縣，什麼楊柳青、獨流鎮，都被長毛陷入。現著僧王爺剋日恢復，迅掃賊氛，將功贖罪哩。」那拉懿嬪道：「我恰未信。京城原戒嚴多日，近已略略放鬆，那裡有這般緊急？你去取張宮門鈔來，定有上諭錄著，待我瞧著便知。」宮監領命去訖。過了一二時，將宮門抄取呈，那拉懿嬪看畢，便向宮監道：「我說不至有意外情事。申飭僧王爺的上諭，原是有的。但深州，獻縣等地方，早已克復，只有獨流鎮的長毛，現竄連州，僧王爺圍攻多日，未曾蕩平。所以聖上動怒，責他養癰貽患，若有疏虞，致擾京畿，要唯該王爺是問哩。」十八歲的婦女，便有這般見解，真是天生尤物。說得宮監啞口無言。那拉懿嬪道：「你此後來報訊息，須先探聽明白，休要這般張皇，我不來罪你，你去罷！」宮監且愧且感，稱謝而退。

是冬天冷，宮闈裡面，大都圍爐度歲，無事可述。到咸豐五年元旦，筵宴仍照前停止。唯各處軍務，頗還得手：長江上游，侍郎曾國藩屢報勝仗；長江下游，江浙巡撫吉爾杭阿克復上海。到正月十九日，僧郡王復紅旗報捷，生擒偽丞相林鳳祥。咸豐帝轉憂為喜，忙至壽康宮，向皇太妃前謁賀。宮內后妃人等，沒一個不乘勢趨承，俟御駕至坤寧宮時，都各來前賀喜，那拉懿嬪自然不落人後。只當時仰邀天寵的宮眷，除那拉氏外，還有麗嬪他他拉氏，婉嬪索綽羅氏，於上年殘臘受封，叩賀時正與那拉氏同班。那拉氏瞧著了她，心中很不自在，外貌不得不強作歡容，敷衍一番。返宮後，快快了好幾日，且不必說。褊心總還未化。

一瞬數月，春去夏來，僧郡王又來捷報，把長毛頭目李開芳也生生擒住，所有黨羽，一併掃蕩，河北肅清。咸豐帝覽奏，異常欣慰，飭即凱旋。五月間，僧王凱撤回京，由咸豐帝御養心殿，與僧王行抱見禮。越數日，復御乾清宮，行凱撤典禮。飲至策賞，喜氣盈廷，連宮中也熱鬧數天。江南的向軍門榮，湖南的曾侍郎國藩，荊州的官將軍文，又陸續報稱得手。咸豐帝越覺歡欣。

到六月間，擬尊康慈皇太妃為皇太后，令惠親王綿愉，飭宗人府及禮部預備盛典，擇日舉行。屆期這一日，自壽康宮以下，統鋪設的輝煌燦爛，光怪陸離，說不盡的繁華，寫不完的精巧。辰刻，請康慈皇太后升座，先由皇帝率王公大臣等，行叩賀禮，繼由皇后率妃嬪貴人等，行朝參禮。禮成後，大開筵宴。愛日承歡，長春集祜，仙樂悠揚之夕，瑤觴醉舞之辰，確是清宮中一大盛典。人逢喜事精神爽，從黎明鬧到初更，足足一整日，這位咸豐帝還是興致勃勃，全然不覺疲乏。外而王公，內而后妃，已統是謝宴退歸，獨咸豐帝尚徘徊月下，趁著一番餘興，竟踱到那拉懿嬪處來。特開創例。

這位那拉懿嬪，正返宮卸妝，整備安寢。忽有宮監來報，聖駕到了，弄得那拉懿嬪莫名其妙，只得倉猝迎駕，伏地跪接。咸豐帝親手扶起，偕入寢室。從前召幸的時候，都是皇帝睡著，由宮監掖入玉體，立就御衾，鸞鳳常隱帳中，雲雨只施暗地，在上文已經交代明白。此次御駕親臨，適遇著那拉懿嬪晚妝才卸，星眼微餳，烏雲似的芳髮，遠山似的秀眉，又因那天氣未涼，只穿著一件妃色羅衫，越顯得玉骨玲瓏，柔軀嬌嫩。越是本色美人，超是好看。當下咸豐帝入座，由那拉懿嬪奉上香茗，咸豐帝就她手裡喝了兩口，卻目不轉瞬的打量著她。良久，方道：「你今朝覺得勞乏麼？」

那拉懿嬪奏對道：「叨聖母及聖天子洪福，只覺酣暢，毫不疲倦。」咸豐帝笑道：「朕也這般，今宵同你作長夜歡何如？」那拉懿嬪脈脈含羞，尚未及答，已被咸豐帝擁入床中。這一夕的倒鳳顛鸞，比往時倍加歡娛。帝德乾坤大，皇恩雨露深，這遭要天賜懷胎，產育麟兒了。無心插柳柳成陰。

誰知禍福相倚，悲樂相因，那拉氏初結珠胎，皇太后竟纏病榻，不到數日，遽爾大漸，臨危時恰有兩語囑咐咸豐帝：一語是優待恭王奕訢，一語是善視那拉懿嬪。後來兩人倚為臂助，就是從這裡埋根。在下恰有一絕句，道：

產麟已足保天恩，況復慈闈有密言。
他日熱河成大計，好從此處溯淵源。

欲知後事如何，且看下回分解。

本回就宮廷內外事情，拉雜寫來，命意仍是一貫。敘內事時，層層不離那拉氏；敘外事時，亦處處不脫那拉氏。如貫錢然，無論大錢小錢，概貫以繩錢，雖多而目不亂。文法亦猶是也。唯內事易於關照，外事頗難銷納，作者或順敘，或旁敘，俱為綰合起見。至借那拉氏口中，敘出南北軍事，尤為妙筆。既有以證那拉氏之慧心，尤有以見那拉氏之大志，確是雙管齊下之文。若詳宮闈，而略變亂，則已具見細評，故不贅及云。

咸豐帝喜產佳兒　曾侍郎獨邀慧鑒

卻說康慈皇太后臨終，把兩件大事，囑咐咸豐帝，咸豐帝自唯唯遵諭。不一日，太后即駕返瑤池，大行去了。當下由咸豐帝奉著靈駕，至慈寧宮。隨即剪髮成服，號哭擗踴了一回。皇后以下，亦都成服。那拉懿嬪因回憶舊日慈眷，特別悲戚，哭得一佛昇天，二佛出世，幾乎有痛不欲生的形狀。咸豐帝瞧著，暗想道：看不出她有這般孝心，怪不得太后病劇，有囑我善視的遺言。可見前次乃是密諭。只她現方懷妊，倘或哭壞身體，有礙胎氣，如何是好？想了一會，便密囑總監，叫他傳諭那拉懿嬪，不必過傷，須保養身子為要。那拉懿嬪得了密諭，收著淚，暗暗感激天恩。咸豐帝又命惠親王綿愉，恭親王奕訢，怡親王載垣，及大學士裕誠，尚書麟魁、全慶等，恭理喪儀。一切禮節，概從舊典。到了十月間，奉移太后梓宮，葬慕東陵。返葬以後，復令恭親王奕訢，恭捧太后神牌，升祔奉先殿，並上尊諡，稱為孝靜康慈弼天撫聖皇后。在下敘述至此，又不能不補敘一筆。恭親王奕訢，乃是道光帝生前最是鍾愛的皇子，只因排行第六，弟不先兄，第一第二第三的皇子，統早年殤逝，要算是四子奕詝居長，所以遺旨立奕詝為嗣，不立奕訢。康慈太后推愛施仁，病到大漸，猶留遺囑。咸豐帝令他協力理喪、捧牌、升祔，好算是曲體慈心。只那拉懿嬪，也得與親王同蒙慈眷。若非她平時結寵，那裡能得此盛遇呢？補釋明晰，筆無滲漏。這且不必細表。

且說喪葬事畢，宮中又沒甚大事。倏忽間，就是咸豐六年。是年春月，內外還統是無恙，一到暮春，那拉懿嬪產期又屆。咸豐帝每夕禱天，默祈眷佑，早賜麟兒。果然至誠感神，竟送下一位金童，輪迴轉世，在那拉懿嬪腹中產出，呱呱的一聲破寂，不問而知，是麟兒了。這場喜事，在那拉懿嬪原是愉快得很，至咸豐帝聞報，更樂得不可言喻。原來咸豐帝嗣位六年，已到二十六歲，宮內的后妃人等，雖也產過幾次，無奈統是女孩，不得一男。獨那拉懿嬪，這一遭竟產一子。覺羅綿祚，英物挺生，自然有一番慶賀。惹得闔宮內外，又忙碌了好幾天，就是有爭權奪寵的妃嬪，懷著滿懷妒意，怎奈自己的肚皮生得不爭氣，也只好忍著性子，前去賀喜。咸豐帝喜不自勝，即於次日傳諭內閣，晉封那拉懿嬪為懿妃。天子畢竟無戲言。鴻毛遇順，連級上升，要算是有志竟成，天從人願了。

接連又是彌月，筵開湯餅，褥設芙蓉，咸豐帝預命各宮妃嬪，都到育麟宮中，飲麟兒宴。又下特旨，令各妃嬪團座歡飲，不必拘牽禮節。此旨下後，除皇后外，六院、三宮、妃嬪、貴人不敢不至，御駕亦朝罷到來。大家接過了駕，統要玩這小皇兒。見他頭角崢嶸，狀貌魁梧，都交口稱羨。恐是隨聲附和，未必眾志成孚。當下各取出金珠寶貝，持贈皇兒，五光六色的堆了一大床，由那拉懿妃代為道謝。入席時，首座是咸豐帝，不消說得。只那拉懿妃，究是本宮主人，應退居末座，她本熟諳禮節，早就主位相陪。其餘奉旨序座。酒初上斟，各妃嬪先敬至尊，繼賀懿妃，挨次輪流，各獻一卮。咸豐帝隨喝隨語，以目視懿妃道：「朕與你今日要醉倒了。」懿妃道：「聖天子且普及隆恩，婢子怎敢不領受客情？」咸豐道：「朕自有生以來，今日算是極樂。盡情一醉，也屬無妨。皇太妃尊位太后時，想還無此樂趣。但樂極生悲，盛筵不再，此後宮中不獲重逢了，滿意語，亦讖兆語。但各妃嬪們，亦須各飲一觴，何如？」大家都稱「領旨」，於是你一杯，我一杯，各各告乾。然後淺斟低酌，慢慢兒的暢飲。這一席自午前飲起，直至黃昏，方才興闌席散。咸豐帝便宿在懿妃宮。看官，前稱懿嬪，今稱懿妃，上文已說過，隨時論時，所以稱謂又殊。不漏一筆。

只這皇子自彌月以後，由咸豐帝親賜嘉名，叫做載淳。載字是從排行上命名。乾隆時皇六子永瑢，繪歲朝圖，進呈孝聖皇后，由乾隆帝御筆親題，有「永綿奕載奉慈娛」一句，嗣後，遂取永綿奕載四字，作為宗室命名的排行。咸豐帝是奕字輩，咸豐帝的兒子，自然輪到載字了。下一字命一「淳」字，乃是化行俗美的意義，已隱隱含有立儲思想。懿妃心領神會，早已猜透三分，暗地裡異常歡喜。又因咸豐帝顧視載淳，時常臨幸，越發提足精神，賣弄材藝，所有朝綱國政，居然效力贊襄。婦人預政的風氣，從此開了。夾敘夾議，竟是一段煌煌大文。

一日，咸豐帝退朝，入懿妃宮，由懿妃接著，獻上茶來。默窺御容，很有些憂慮樣子，便探問外邊訊息。咸豐帝道：「更鬧得不堪，連江南大營都潰散了。」懿妃道：「江南大營的統帥，乃是提督向榮。聞他素來忠勇，圍攻南京長毛已三年有餘，為什麼一旦潰散呢？」咸豐帝道：「據他的奏報，說是分兵四出，援應各地，被長毛賊伺虛襲營，寡不敵眾，遂致潰散，現在退保丹陽。恐怕這南京長毛，要越加猖獗了。」

懿妃道：「江北也立著一個大營，何故坐視不救？」咸豐帝憤憤道：「你不要說起江北大營，朕前時派琦善督師專攻揚州，一年內只得一個空城。朕把他革職留營，他竟死了。換了一個託明阿，越不中用，反失揚州。再掉一個德興阿，算把揚州奪還。長髮賊分竄鎮江，江蘇撫臣吉爾杭阿率兵馳救，戰敗身死。向榮聞了這耗，忙差部下張國梁赴援，國梁方在江北得了勝仗，誰知向營已被擊潰。這都是江北的將士沒有一個效力，反帶累江南大營。你平日也侍閱章奏，難道不曾瞧著麼？」江南大營潰散，是一大軍警，所以隨筆帶出。懿妃道：「長江上游，怎麼樣了？」咸豐帝道：「長江一帶，派去將官已是很多。聞他們畏賊如虎，只有官文、駱秉章、曾國藩、胡林翼諸人，還算靠得住。怎奈上年喪了塔齊布，曾營中失一員猛將。近日羅澤南去攻武昌，又因傷殞命。澤南也是曾營中人，他部下還有幾個敢死的將吏，此外多是沒用哩！」懿妃道：「萬歲爺天亶聰明，何不將有用的將帥，畀他重權，專心剿賊。總教得了幾個人才，不患長毛不滅，免得宸衷煩悶，豈不是好？」咸豐帝道：「朕也這般想，但急切求不出人才奈何！」懿妃道：「萬歲爺閱過的章奏，有許多擱在這裡，婢子暇時也去展覽。內中到有個大才，好請萬歲爺重用哩。」咸豐帝問道：「是誰？」懿妃道：「就是侍郎曾國藩。」獨具慧鑒。咸豐帝道：「你從何處看出？」懿妃道：「像他一個在籍人員，能創辦水師，銳意經營，自三年間起，大小數百戰，雖是勝負不常，他總始終未懈，且所上章奏，有語皆真，無言不切。遇著緊要關頭，也有一篇大大的籌畫。不像這班庸臣猾吏，專說幾句圓滑話兒，探試上意，想萬歲爺總也知道的。」敘曾帥之才，即懿妃之識。咸豐帝微笑道：「愛妃所見，倒是與朕相同。可怪這班漢大臣，有幾個同他反對，令朕不解。」懿妃問何人？咸豐帝道：「曾國藩初發衡州，大學士祁雋藻，已說他白面書生，不知軍事，恐是靠不住的。」懿妃道：「北宋的張齊賢，南宋的虞允文，不是個書生麼，何以能建大功？祁雋藻官至大學士，怕不讀過宋史嗎？」見笑婦人。咸豐帝道：「還不止一次哩。去年武漢告捷，朕在朝上，讚了國藩幾句，那祁雋藻又來多嘴，說他是在籍侍郎，差不多是個匹夫，匹夫在閭裡，一呼得萬餘人，恐非朝廷的福氣。還有侍郎彭蘊章，與祁雋藻同樣見識，也奏稱湘軍太多，尾大不掉。煞是可怪。」懿妃聞言，不覺柳眉微豎道：「祁雋藻、彭蘊章這班人，既說曾國藩如此可慮，他何不別舉人才？」咸豐帝道：「你不要這麼性急，朕不願聽他胡言。」懿妃道：「婢子與國藩絕不相識，何必硬要幫他。但詳察章奏，唯這人可付重任。賊氣早一日掃平，國家早一日安靖，萬歲爺亦早一日舒泰。所以婢子奏陳過激，求萬歲爺寬宥。」娓娓動聽，我亦愛之。咸豐帝道：「朕怪你什麼，似你這般留心國事，注意人才，恐宮中沒有第二人。」懿妃忙跪謝道：「天語褒獎，婢子怎當得起！」又耍用籠絡手段了。咸豐帝即將她掖起道：「不要多禮，寢室裡面何拘禮節。朕非無端譽你，那大學士文慶，尚書肅順，也稱曾國藩精忠純正，可保無他。連你，要算是第三人了。」懿妃即隨口謝恩，站將起來。咸豐帝復記念皇兒，令她抱至，撫弄一番。皇兒恰也聰明，一聲兒不啼哭，只是嬉笑。引得咸豐帝笑逐顏開，漸漸的把憂懷放下。點染有致。少頃，令懿妃抱去，交與保母，然後與懿妃一同就寢。在下若再加豔語，乃是味同嚼蠟，因此不敢贅述了。豔語必有為而作，若不顧事情，只砌豔詞，非特重床架屋，抑且誨淫導奸，吾知作者必不出此。

翌日，咸豐帝視朝如故。軍報亦雜沓而至，沒有什麼勝仗，又過數天，由德興阿奏報，向榮在營病故。忙與王大臣商定，調江南提督和春，馳赴丹陽，接辦軍務。尋聞南京各賊，自相殘殺，楊秀清要想篡位，洪秀全密召韋昌輝，計殺秀清，秀清的餘黨，又把昌輝殺死。同室操戈，無心出擾，因此江南北的清帥，都還支撐得住。洪氏致敗之由，亦就此敘入，可為後人殷鑒。接連報到楚軍大捷，官文、胡林翼等，克復武昌、漢陽城，還有曾國藩的舊部，李續賓、楊載福各軍，沿江東下，夾攻九江，曾國藩親去勞師，奏稱九江指日可復。咸豐帝又略略放心。

午後無事，咸豐帝又踱至懿妃宮中，與懿妃談了一回，頗有興會。懿妃忽然觸起心事，要想趁這機緣，奏聞駕前。看官，道是何事？原來道光帝第七子奕譞，尚未得偶，年齡正與懿妃的妹子相當，她想從中撮合，把妹子指配奕譞，做個王爺的福晉。滿人稱王妃為福晉。恰是親上加親，越加顯耀。籌畫已定，便談起皇室情事。湊巧道光帝的七公主，與副都統熙拉布子瑞林指婚，九公主與誠勇公裕恆子德徽指婚，皇室正喜事重重。懿妃便婉問吉期，咸豐帝便答道：「八公主的吉期將到，九公主還迨吉哩。」懿妃道：「聞得七王爺亦將指婚，曾否由聖衷擇定？」從公主轉到親王，也是移花接木之法。咸豐帝道：「尚未。」懿妃道：「婢子有一愚誠，早思奏聞，只是不敢率瀆。」咸豐帝道：「這又何妨！」懿妃復囁嚅道：「婢子上沐天恩，已是非分的榮幸，此外再思邀澤，恐怕得隴望蜀，要受萬歲爺斥責哩！」故作一揚。咸豐帝著急道：「有事儘管直講，如何專作此態。朕若可從，沒有不照准的。」心許久矣。懿妃道：「婢子有一妹子，頗還伶俐。現在年將及笄，正是擇配的時候。若蒙聖上推恩，許為撮合，婢子不勝感幸了！」咸豐帝道：「是否要配與七王爺？朕與你作主如何？」懿妃又撲翻嬌軀，叩謝聖恩。咸豐帝道：「你又這般多禮，快快起來。」懿妃遵旨起立。咸豐帝又啟口問道，「你入宮將四載了，朕對你母家情形還未熟悉，也是朕的誤處。多半因軍務倥傯，不遑顧及。你不要多心哩！」懿妃連稱不敢。咸豐帝道，「你前說過上有老母，下有弟妹，現與你相別四年，你曾否著人探視？」懿妃道：「宮禁森嚴，婢子何敢違例！」咸豐帝道：「你難道不記掛麼？」懿妃聞言，不覺眼圈一紅，竟低下頭去。雖是人情應爾，恰未免三分做作。咸豐帝瞧這形容，不禁垂憐起來，便嘆道：「你在宮中做了妃子，也好算作士女班頭。奈宮闈裡面，比不得尋常人家，一別四年，竟連母親訊息一些兒不通風，也是可憐。朕倒要開一特例呢。」懿妃便介面道：「萬歲爺肯特沛宏恩，令婢子得見母面，寵榮奚似。」說至此，又要屈膝下去，被咸豐帝御手攔住，道：「朕便準你省親，你現在不必行禮，等到省親後謝恩未遲。」懿妃才遵旨稱謝，將身立定。看官看到此，還道懿妃入宮四年，真個是與家隔絕。其實她受封貴人後，便已密囑宮監們，暗通音問，私饋金錢。否則惠太太已一貧如洗，恐怕禁不過四年呢。是極。咸豐帝在懿妃宮中一宿，次日臨朝，便頒特旨，準懿妃回家省親。正是：

宸衷寵眷恩無限，曠典昭垂世少聞。

欲知省親時如何情狀，待至下回說明。

那拉氏邀寵之隆，於本回盡述之。那拉氏攬權之漸，於本回始及之。咸豐帝未曾得嗣，有那拉氏特產麟兒，物以稀為貴，況皇子乎！宜其寵眷特隆，晉封賜宴也。唯國家大事，得由那拉氏參贊，實開婦人預政之風。雖勸咸豐帝重任曾侍郎，卒平粵寇，不為無功，然驕恣之習，因此而開，履霜堅冰，其象兆矣，禮曰：「內言不出於梱，外言不入於梱。」有以哉！

邀曠典貴妃歸省　預邦交哲婦失謀

上次說到咸豐帝特旨，準懿妃回家省親。這正是清史上第一曠典。只省親日期，上次未曾表明，在下要從本回敘出。咸豐帝恩准省親，已是咸豐六年的冬季。懿妃因殘臘將盡，不如到新正時節，奉旨歸寧，一來是冠冕堂皇的省親，二來是乘便賀年，恰是一舉兩得的美名。當下奏定日期，咸豐帝自然照准。到了七年正月，元旦已過，慶賀事畢，又降下一道諭旨，晉封那拉懿妃為懿貴妃。貴妃與皇后，只隔一級，差不多與皇后相似。清宮內受封貴妃，每代不過兩三人。這是咸豐帝因懿妃歸省，特地將她加封，令她特別尊榮，方不虛此一行。懿妃得邀省親的曠典，已是欣幸得很，不意咸豐帝替她著想，比她自己還要周到，真是喜出望外。當下謝了天恩，即準備歸省的事情，密令宮監賫送金銀，叫母家預為打疊。

這惠太太自聞知特旨，早擬把錫拉衚衕的住宅，酌量擴充。左右鄰家，聞她女兒疊邀恩寵，逐級晉封，貴顯得什麼相似，已豔羨的了不得，這番恩准歸省，錦上添花，那個不前來趨奉。炎涼世態，如是如是。因惠太太住宅狹小，各願將自己住室，遷讓與她。惠太太也過意不去，一時不便應允。那鄰家恰先自移徙，不由惠太太不從，只得估給銀錢，作為津貼。當下趕緊加築，自有一班巴結的親朋出來幫忙。不到兩月，居然把一椽矮屋，改換作前堂、後廳，深院重檐，屋右且添置一園，栽花種竹，堆山鑿池，構亭築榭，編籬圍垣。中間列著一座客廳，以備遊宴。雖然倉促告成，也覺玲瓏剔透。由冬至春，足足忙了幾十天，已將室中一切，布置妥當，然後安心滌慮，專等鳳輿到來。在下因懿妃已升貴妃，自然照著前例，加稱一貴字。百忙中插此閒筆，文法可謂周到。

懿貴妃臨行時，辭過皇帝，別了皇后，帶著宮娥宮監等，乘輿出宮。早有小太監至惠太太家，報知某時駕到。這時惠太太的親戚故舊統已到齊，把行禮、入座、退省、開宴、更衣、盥洗的場所，籌備的一絲不漏，一面設墊、鋪氈、焚香、爇麝，堂開百福，室迓千祥，靜悄悄的待著。鬧中帶靜。外面已有工部官員並五城兵馬司，清塵灑道，闢除行人。只有錫拉衚衕內，人山人海，擁擠得不堪言狀，就使有吏役出來攔阻，兀自禁止不住。俄聽有一片鼓樂聲，隱隱前來，料是鳳輿將至，惠太太率家屬親族等出門迎接。等了半歇，方見有十來個太監，導著一個總管，騎馬而來。到了門首，由總管下馬，至惠太太前問安。小太監立將馬牽過一旁，隨了總管，面西站立。少時便來了全副儀仗，一對對的龍旌鳳翣，一排排的羽扇宮燈，御爐飄百和之香，寶蓋障三霄之日，又有彩亭數座，內陳備賜諸物，白玉如意一柄，沉香枴杖一枝，綵緞百端，白銀千兩。隨後方是八個太監，抬著一乘黃緞繡鳳的鑾輿，緩緩行來。兩邊的侍衛群從，宮娥綵女，不計其數。賤日豈殊眾，貴來方悟稀。惠太太方思跪接，早有宮監過來，扶住了她，令她免禮。並傳諭親族尊長，概免跪迎。仙樂過處，鳳輿已抬入大門。惠太太等隨至院落，當由太監停下鳳輿，宮娥捲起杏黃緞簾，才見一位珠圍翠繞、玉質金相的貴人，降輿出來。回憶攜筐賣物時，真如隔世。各女侍簇擁上堂，升了座，兩階樂起，惠太太又帶著家族，排班謁見。總管即行傳諭，仍不免尊長免禮四字。惠太太及親族長輩，乃退就左側，其餘皆叩頭行禮。禮畢，茶三獻，樂止，貴妃降座，退入側室更衣。然後至內廳，行歸省禮。是時惠太太等已在內廳候著，見了貴妃，就與她握手。貴妃欲以母女禮想見，惠太太自然不從。兩下里別了五年，心中似含著無數說話，及到見面，反一句兒說不出。呆看了好一歇，方由懿貴妃開口道：「五年不見母親，繫念無似。」說了這兩語，不禁哽咽起來。惠太太已忍不住淚，只把手去拭眼眶，還有貴妃的妹子也在旁陪淚。貴妃轉忍悲為笑道：「難得今日奉旨省親，得仰慈顏，實為萬幸。今反觸動慈母悲懷，轉滋不孝的罪戾了。」惠太太才收淚，答道：「苦盡回甘，得邀曠典，正要大家慶賀，不知為什麼觖動離情，大約是喜極轉悲的緣故。快請坐下，好便談敘。」貴妃一面就座，一面顧著親屬，令他們一一歸坐。坐定，顧著妹子道：「數年不見你的姿容，比前時秀潤得多了。為姊的不忘前言，已請過聖恩，替你得一佳偶，將來好時常想見哩。」那妹子聞了此言，不覺又喜又羞，垂下頭去。貴妃道：「女大須嫁，人情一例。但你近日曾否讀書？為姊的很是掛念。」惠太太從旁細問，貴妃即將指婚事，述了一遍。並說：「要做福晉，必須有些才學。女兒得有今日，統是書籍所賜。願妹子留意才好。」隨又顧幼弟桂祥道：「你也長了好些，不要像從前這麼傻，唸書識字也是要緊。」說畢，復與親族人等，亦略略談了數語。

是時筵宴已備，設在園中。當由執事人進報。請貴妃臨園入席。貴妃起身，命桂祥導引，偕諸人徐步至園。過了曲樹，繞遍遊欄，但見翠柏迎春，紅梅舒豔，池光映碧，幻石縈青，點染時景，且回應上文。倒也有一番雅景。從貴妃眼中敘出。閒覽一週，方轉入客廳。外面排著一字兒花牆，向南闢門，門內有磚砌甬道，甬道旁，也栽著數株花木，微微含著春意。至甬道盡處，便是層階。貴妃拾級而上，步入廳中，見所有陳設，繁華中寓著雅靜，頗覺宜人。上面橫著一匾，中書「鳴鳳朝陽」四字，四字典麗。貴妃點頭稱善。便問妹子道：「這是何人所撰？」那妹子道：「是小妹胡謅成文。」貴妃笑道：「『鳴』字何不改作『雙』字！」為指婚醇王著筆。那妹子又紅暈兩腮。貴妃道：「這是戲言，『鳴』字恰好哩。但正屋內的正廳，何故沒有匾額？」那妹子輕輕答道：「不敢僭擬，當求賜名。」貴妃道：「竟是『承恩堂』三字吧。」為後文桂祥襲封伏筆。未幾入席，由貴妃上坐，惠太太等皆在下相陪。席間，談些宮闈瑣事，及惠太太家中情況。歡敘時仍不免有感慨意。歸省只此一次，自應言下生感。貴妃恐又生傷感，忙環顧親族，講論別事。有說有笑，不伐不矜，各親族被她融化，漸漸脫略形跡，因得盡興。

宴畢，天色將晚，復出園入宅。隨命宮監拿來賜物：如意枴杖，送與惠太太，綵緞等分賜親族，白銀等分賞役夫，又有兩函文房四寶、兩對黃金錁子，分給弟妹。至眾人謝賜畢，時已暮色沉沉，闔室都懸燈火。總管太監入啟道：「已交酉牌，請駕回宮。」貴妃不由的垂下淚來。想見時猶只哽咽，臨別時至垂下淚來，是作者善於體貼處。卻又勉強笑著，握了惠太太的手道：「當日入宮時候，已是拼著生離，好容易得邀恩旨，歸寧一次，不意春晝又這般短，霎時即暮，未便多聚。這是地位使然，無可如何。但望聖恩高厚，再許歸省，自然重見有期。即或宮闈特例不許再開，那時亦當相機奏聞，準吾母入宮想見，千萬不要傷心。」惠太太雖是應著，淚珠兒已不知滴了多少。越是老年，越會傷心。貴妃又回視弟妹道：「我的說話，你兩人休要忘記。」弟妹唯唯遵命。復另囑妹子道：「今日姊妹，他日妯娌。彼此相聚一生，總算你我的幸遇。你須趕緊讀書，轉眼間即要成婚哩。」說畢還是依依不捨，總管又來催逼，方與惠太太釋手道：「皇家規例，不宜稍違，只好去了。」與前日赴選話別，情狀又是不同。當由眾人送出大門，恭請貴妃登輿。宮燈如炬，侍從如飛。前文列入宮燈二字，幾疑白晝之間，何需及此？至此方知為緊要字眼。片刻間已去得淨盡，不留一人。看客亦頓時盡散。惠太太尚痴立門外，經親族勸回家中，尚是嗚咽不已。親族都讚著貴妃道：「量大福大，這是一定的道理，如貴妃入宮數年，疊沐皇恩，毫無驕倨氣象，見了我們親族，依然談笑如常，這不是量大福大麼！並非大量，實是大材。大眾評讚了一回，有留著的，有告別的，這且按下不提。

單說貴妃回宮，次日見駕謝恩，並回奏歸省情狀。龍顏甚悅，並賜惠太太一品誥封，兼發內帑、綵緞、金銀等物，令內監齎去作為賞品。那時惠太太家又高搭綵棚，接旨謝賞，忙個不了。虧得親族眾多，協力相助，免得臨事張皇。貴為椒戚，自然人人趨附。嗣又招集親朋，大開筵宴，慶賀數天。隨後又蒙特旨，準惠太太入宮省視。正是帝德如天，有求必遂。這都是後話。

只懿貴妃得了這麼天恩，自然特別盡力，把咸豐帝的一舉一動時常注意，遇喜則諛，遇憂則勸，咸豐帝視為第一個內助，竟當她如太姒重生，邑姜復出，一日都不能少她。某日視朝，接到湖南巡撫駱秉章奏報，乃是兵部侍郎曾國藩，適丁父憂，請準他奔喪回籍等情。咸豐帝不覺驚惶，忙問各王大臣如何定奪？王大臣等奏議紛紛，莫衷一是。有說是江西軍務正在吃緊，只可另簡大員接辦；有說是國藩領兵多年，長江一帶虧他支援，現在不宜另易生手，只好給假數天，仍令奪情任事。咸豐帝道：「另簡大員，確是不容易的。只是要曾國藩奪情任事，他精研理學，恐怕不肯遵諭。如何是好？」王大臣奏復道：「聖上有旨，那敢稍違！」這語恰是專制國的恆情。但咸豐帝重視國藩，便是為他理學工夫，墨守君父大義，不致有意外變端。此次若命他奪情，未免於理不當。心中這般想，口中恰不便說明。朝罷回宮，便來與懿貴妃熟商。懿貴妃道：「承平之世宜守經，多難之時宜從權。古人墨絰從戎，史冊上亦多見過。萬歲爺這麼下諭乃是情理兼到，不但該侍郎無可答辯，就是千秋萬世，也稱聖諭是至理名言呢！」正大光明之論，我亦佩服。這番話提醒了咸豐帝，盡釋疑竇，即提起硃筆，照本謄錄。後文方寫入給假三個月，賞銀四百兩，俾經理喪事。所帶湘勇，著暫交伊弟曾國華統帶，俟國藩銷假，再令國華回籍。次日即將朱諭頒發出去。誰知王大臣卻是不服，復奏稱曾國華職分較卑，恐不能悉協輿情。於是咸豐帝又旨派提督銜楊載福，就近統帶，道員彭玉麟，協同排程。並飭曾國藩於假滿後，迅赴江西督辦軍務，云云。

旨下後，兩廣總督葉名琛，又有奏報到來，開列英國交涉事情，請旨辦理。這件事說來甚長，追究禍根，乃起自道光十九年鴉片之役。鴉片由英國商人，從印度運來，販與華民，流毒甚盛。道光十九年，粵督林則徐迫英商繳出鴉片二萬多箱，盡行燒毀。英政府興師來華，圖粵不遂，改犯江浙，連陷海疆。適權相穆彰阿，素嫉則徐，遂奏陳則徐開釁，請即褫職。道光帝居然照准，把則徐革職充戍，別遣琦善、耆英、伊里布等人妥行交涉。這一班飯桶，有什麼好計策，只有見了洋人唯唯聽命的法子。江寧訂約，英人說一條，耆英、伊里布依他一條，英人說十條，耆英、伊里布依他十條，償煙價、賠兵費，還割香港，又將廣州、福州、廈門、寧波、上海五口準他通商，並設領事，方才了結。是為辱國損威之始。到道光二十六年，英人援約入城，被粵東紳民集團攔阻，英領事遂貽書詰責。湊巧，這和事佬耆英，駐節粵東，與法美兩國公使互訂通商條約，那時接到英領事照會，無法可施，不得已，設詞延宕，期以兩年。兩年過後，耆英內用，署督是徐廣縉，署撫乃是葉名琛。香港英總督文翰，要求履約，各鄉團勇十餘萬堅執不允，幾乎又要開戰。虧得徐廣縉單舸前往，告以眾怒難犯，文翰始稍稍奪氣，不敢入城。至洪楊變起，廣縉移督湖廣，便將名琛升任。名琛素性頑固，尤好大言，向來輕視洋人，洋人有照會到來，時常擱置不復，因此洋人與他結怨。是年，適平東莞縣黨匪，咸豐帝念他有功，加他大學士銜，留任粵督。名琛越趾高氣揚，目空一切。致敗之由。誰知黨首關鉅、梁楫等人尚在漏網，遁居海島，投入英籍，慫恿英領事巴夏禮，請攻粵東。冤冤相湊，海外來了洋船一艘，懸著英國旗幟，闖入粵河。巡河兵弁疑是漢奸偽託，拔去英旗，並將舟子十三人一概拿住，械繫入省。巴夏禮即致書詰問，名琛乃釋放舟子，送還英領事衙門。偏偏巴夏禮不肯收受，要名琛先去謝罪。看官，你想這大言不慚的葉中堂，肯甘心依他麼？謝罪原有關體面，但平時辦事亦須和慎，方可無虞。巴夏禮聞名琛不允，遂率英艦攻黃埔炮臺。名琛莫名其妙，飭蔣知府音印去見巴夏禮，詢明緣由。復稟：巴夏禮要入城面詳，名琛不答。巴夏禮又照會名琛：如不便入城面議，請至城外想見。名琛仍然照著老法兒謝絕來使，無一復語。惱得巴夏禮性起，令洋兵入攻省城，炮聲隆隆，火光燭天，名琛只令軍士闔城固守，自己卻靜坐署中，唸唸有詞，不知說些什麼。奇極。嗣由衛役傳出，方知名琛專信呂祖，所念的就是呂祖寶訓。我道是退兵咒，原來是呂祖寶訓。當下洋兵攻了兩日，竟斂旗退去。想是呂祖寶訓的功效。粵民素來好動，也道是洋兵無能，竟放起火來，不論英、法、美各國的洋行，統行焚毀。名琛毫不在意，反奏稱：英船退出省河，經官軍連日接剿，迭次焚燒，該夷知難而退，聞將另派妥人來粵定議等語。尚是大言。咸豐帝因粵事尚寬，未開會議，只入宮時，與懿貴妃恰也談起。懿貴妃道：「去年恭賀大喜，是否即該督葉名琛？」咸豐帝道：「便是他。皇兒載淳生後，他曾恭上一篇駢文，對仗很是工整，連貴妃亦稱頌在內。」善拍馬屁。懿貴妃道：「萬歲爺有此洪福，奴才恐消受不起。」看似謙抑，實是欣幸。咸豐帝笑道：「你後福正長哩。」懿貴妃道：「這卻全仗皇上福庇。只該督辦理交涉能否使洋人就緒，尚未可知！」咸豐帝道：「洋人居心叵測，恰是難料。」懿貴妃道：「我朝馭外過寬，所以得步進步。此後對待洋人，還須強硬一點，方免輕視。」咸豐帝道：「先皇帝時為了鴉片事情，弄得喪師失地，又償他無數銀兩，說來正是可恨。」懿貴妃道：「當日議和的大臣，多是庸弱得很，至今還是受人唾罵。現在粵東又起交涉，總要該督善於鎮定，遇著英使到來，看他好講情理，然後以禮相待，不要似前此的畏縮，自失體面方好。」體面兩字誤盡中朝。咸豐帝點頭稱是。誰知這一席話，有分教：

妖霧陡從天外降，寇氛竟逼禁中來。

後文的變故很多，且至下回再敘。

省親係第一曠典，故敘述較詳。然著書人恰寓有深意。為貴妃故，特開前代未有之曠典，則祖制可以不遵，而後文之垂簾聽政亦不妨特創矣。且唯其邀此帝眷，而種種預政之漸，亦自此益進。內政可預，外交亦可預，重任曾侍郎可也，重任葉制軍不可也，不寧唯是，那拉氏自尊自大之心因之釀成。日後釀成拳匪之禍，未始不於此開之。故本回亦有匣劍帷燈之妙。

用內言嚴旨賜帛　開外釁挈眷蒙塵

卻說咸豐帝聞貴妃言，就依樣葫蘆，擬定旨意，寄與葉名琛。名琛奉諭後，特別意得心安。除尋常辦公外，整日裡在署誦經。到九月間，忽接到一角照會，乃是英國伯爵額爾金，詰責粵民焚毀洋行，要名琛賠價損失，另立約章。名琛見他出言無禮，擱置不理。嗣接法、美領事照會，也來要索賠款；只後文卻有英使額爾金伯爵，已決計攻城，願居間排解等語，名琛仍舊不理。忽忽間又過兩月，額爾金調到英兵，竟致名琛哀的美敦書，哀的美敦四字譯音，即是宣戰。限四十八小時答覆償款、換約二事，否則攻城。名琛稍覺著急，至呂祖像間扶乩。乩語是：十五日聽訊息，事已定，毋著急。乩語未嘗不靈，看後便知。名琛屈指一算，只有四五天便沒事，遂遵著咸豐帝諭旨，從容坐鎮，毫不籌備。這是懿貴妃害他。將軍穆克德訥、巡撫柏貴，都來請令定奪。名琛反責他畏葸，一味冷笑，將軍、巡撫等懊喪而去。英兵即占據海珠炮臺，乘勢攻城。越日，法兵亦到，砲彈齊發，射入城中，把總督衙門也擊得七洞八穿。名琛才要保命，捏了呂祖像，逃入撫轅。又越日，千總鄧安邦血戰身亡。柏撫知事不妙，忙遣紳士伍崇曜議和，名琛還咬定洋人不得入城。倔強可笑。崇曜方奉命前去，洋兵已破城追來，擁入各署，把將軍、巡撫等，都劫至觀音山，迫他們出示安民，並要與英法諸官一同列銜。此時的將軍、巡撫，還有什麼主意，只好事事依著，方得脫回。只有這個葉名琛，竟被他擁出城外，拉赴英船，押解到印度去了。這日正是咸豐七年十一月十五日。應了乩語，可惜名琛不解。名琛不久即死，由英人用鐵棺松槨，把他殮入，送回粵東。還虧呂祖保護。粵東幾成為清、英、法三國公共地。英人尚不肯干休，牽誘法、美、俄三國鼓輪北行。先至上海，繼逼天津。咸豐帝既遭內憂，後遭外患，免不得日夕憂悶。那足智多謀的懿貴妃，也只好從旁解勸，無術分憂。虧得皇帝貼身的太監，導帝遊幸圓明園，苦中作樂。園內的四春娘娘正是望斷羊車，緊蹙蛾眉的時候，一聞駕至，都打扮得天仙相似，前來恭迓。這一個豔影凌波，那一個纖腰抱月，這一個柔情似水，那一個羅襪生雲，惹得咸豐帝眼花撩亂，只覺得無人不俏，無貌不媚。當下左擁右抱，暮樂朝歡，把一副憂國心腸都拋至九霄雲外。自咸豐七年冬月，至八年春季，簡直是在宮時少，在園時多。每遇輟朝，即帶宮監入園，有時且一住數日。天子無愁，佳人傾國，一縷情絲綰縛得異常牢固。那四春娘娘，還疑是上天雨露，未必均霑，醋霧酸風，鬧個不了。近之則不遜。

誰知鯨波駭浪捲海而來，英、法、俄、美四國軍艦雲集白河口，馳書直督譚廷襄，要滿首相裕誠前去與他講和。裕誠那裡肯去。適值咸豐帝幸圓明園，他即入園謁見，請旨發落。咸豐帝茫然道：「該怎麼辦，你去辦吧！」裕誠急急回朝，派了戶部侍郎崇綸，內閣學士烏爾焜泰，馳赴天津，會同直督，照會各國使臣，約期開議。不意英、法兩使復稱：崇、烏兩人非中國首相，不便議和，嚴詞拒絕。崇烏兩人只好快快回來。英法使臣，煞是利害，竟從白河口駛入小輪，懸起紅旗，開炮擊大沽炮臺。守臺的將弁，吃糧不管事，一聞炮響，茫無頭緒。三十六著，走為上著，霎時間，逃得精光。眼見得大沽炮臺，被英法兩軍占去。強盜已到門首，主人漫無防備，一任毀門而入，正是可笑。

警報飛達圓明園，那時咸豐帝只好回宮，特命親王僧格林沁，率兵赴天津防守，又命親王惠愉，總管京師團防事務，嚴行巡邏。僧王抵津後奏稱：俄、美使臣，願作調人，只乞改派相臣議款，等語。咸豐帝不得已，命大學士桂良，尚書花沙納，再赴天津議和。惠親王綿愉、尚書端華、大學士彭蘊章等，關心和議，記起和事佬耆大臣來，說他熟悉夷情，聯銜保奏。此時耆英已因罪被譴，由咸豐帝賞他侍郎銜，即命陛見。耆英造膝密陳，似乎有絕大經濟，不由咸豐帝不信，立委重任，令他自由交涉，毋庸事事會同桂良等辦理。那時耆欽差歡躍得很，夤夜去訖，要斷送老命了。咸豐帝略略安心，過了兩天，忽接到桂良飛折，奏稱：耆英為英、法所拒，請飭回京。弄得咸豐帝愕然不解，竟提起硃筆，寫著：耆英系原定和約之人，外情素所熟悉，所以朕棄瑕錄用，畀以欽差重任。何以忽有代奏回京之請，且耆英並未列銜。是何意見，著即明白復奏。其實這場禍根，開自廣州，耆英曾有二年入城的預約，後來他運動內用，撒了一堆爛屎，貽與後任，致開外釁。這時洋人已囂張得很，那裡還肯接見耆英。去了兩次，都被他閉門謝客，撞了一鼻子灰。只好請桂良代奏，他竟一溜風跑回京中。快去快來，確是幹練。廷寄朝發，耆英夕至。惠親王得知訊息，恐坐保舉失察罪，立刻奏聞。咸豐帝見了此折，命將惠親王議處，並飭僧親王速解耆英聽審。

此旨下後，咸豐帝怏怏入內，踱至懿貴妃宮中。懿貴妃因咸豐帝多日不至，已密令宮監探聽確音。正在妒忌得很，暗伏後文。一聞御駕到來，外貌仍佯若無事，接駕入座。咸豐帝與他談論外交情事，懿貴妃微笑道：「外交易與，內蠹難除。」暗指四春。咸豐帝道：「你那裡知道，朕因內亂未定，不得不注重邦交，已派桂良、花沙納兩人前去議和。嗣因惠親王等保舉耆英，說他熟悉夷情，朕即破格重用。誰知他去了一趟，毫不辦理，擅自回京。耆英原是混帳，洋人想也利害哩。」懿貴妃道：「萬歲爺為何專信庸材，聞他已革職還鄉，冷落多時，何故今日又去重用？他是專知蠱惑，不顧聖恩的，萬歲爺，若長此縱容，恐怕他們越加玩法，後事恰不易處置呢。」語帶雙敲。咸豐帝道：「依你說來，要狠狠的辦他一下麼！」懿貴妃勃然道：「將他正法便了！」決絕得很，與從前奏對時，已大相逕庭。咸豐帝道：「這也罪不至此。」懿貴妃道：「聖上原是寬宏。然姑息適足養奸，殺一儆百，他人方不敢矇蔽聖聰。」以之處四春何如。咸豐帝躊躇不答。懿貴妃道：「就使皇上加恩，免他正法，亦應賜他自盡。這班狐媚子，留一日，壞一日，有什麼好處。」居然說他狐媚子，情愈可見。咸豐帝點了點頭。於是這位和事佬，要就此收拾了。次日昇朝，適值耆英解到。即飭恭親王奕訢等嚴訊。奕訢等曲承意旨，擬為絞監侯。咸豐帝尚以為未足，竟飭令自盡。立派左宗正仁籌、左宗人綿勛、刑部尚書麟魁監視，於宗人府空室內送他歸天。還說是飭紀加恩的至意。謀及婦人，宜其死也。

可奈耆英雖死，寇氛愈緊。桂良、花沙納仍仿著耆英的祕訣，英人要約五十六條，法人要約四十二條，都一一照奏。最關緊要的計有數條：第一、是各派公使駐京；第二、是準洋人持照至內地遊歷通商；第三、是增開牛莊、登州、臺灣、潮州、瓊州等處為商埠；第四、是償英國商耗銀二百萬兩，軍費亦二百萬兩，法國減半。這奏一上，廷臣鼓譟，都主張駁斥。還是咸豐帝了明大局，料知無人能戰，無地可守，不得已忍痛許和。俄、美使臣亦思利益均霑，要求訂約，由桂良等再行奏請。咸豐帝便批了「準奏欽此」四字。這叫做天津和約。各國艦隊方次第退出天津，一番戰事暫作煙消。京師裡面又是粉飾承平，鋪張盛事。

咸豐九年正月朔，頒下一道上諭，內稱：翌年乃朕三旬萬壽期，宜特開慶榜，嘉惠士林。著於本年八月內，舉行恩科鄉試，明年三月，舉行恩科會試，以副朕簡拔人材至意。各省士子見了此詔，都異常欣幸，期奪錦標。這且擱過不提。還想偃武修文，歌功頌德，正是痴心。

且說東南軍事，於咸豐七八年間，互有勝負。和春、張國梁自丹陽合兵進攻，屢克江寧屬縣，再復鎮江，又到江寧城下，江南大營復振。德興阿在江北，亦進拔瓜洲。兩軍把南京圍住。九江由李續賓攻入，長毛悍酋林啟榮戰死。楊載福等又進搗安徽，拔舒城、桐城各縣，直逼安慶。長毛憤激得很，四處亂撲，忽入皖，忽赴贛，忽竄江浙，牽掣官軍。且勾結一班捻匪，作為聲援。捻匪詳後。那時官軍疲於奔命，顧了這邊，失掉那邊。江南的六合縣，死守六年，被長毛攻破，死了道員溫紹原。安徽的廬州府，又被長毛陷入，死了總兵蕭開甲、知府武成功。還有，李續賓轉戰而前，兵鋒甚銳，無人可擋。誰知到了三河鎮，被長毛頭目陳玉成、李世賢等，帶領黨羽十多萬，將他圍住。續賓兵只有四五千，那怕三頭六臂，也是不能脫免，眼見得是力竭捐軀了。咸豐帝照例優恤，且加他總督銜，並有忠靈不昧，還望再生等諭，言下甚是慨然。

但因外人已退，憂愁已消了一半。在宮中過了新年，一到元宵，便至圓明園尋樂去了。從此車駕常駐園中，竟把這圓明園作了宮殿。王大臣等上朝啟事，都要移入園內。皇后素性恬澹，就是一年不見皇帝，也沒有什麼介意，只這位懿貴妃，很是懊恨。料知咸豐帝耽戀四春，暗地裡罵個不住，恨不將四春娘娘——個個拿到面前，把她撕作幾段。入宮見嫉，蛾眉不肯讓人。咸豐帝管不得許多，索性圖個盡歡，整日取樂。豈亦自知不永年耶？

忽由軍機處呈上江南軍報。取過一閱，乃是和春所奏，彈劾都統德興阿屯兵江北，遷延觀望等情。隨即批諭德興阿著革職來京，所有江北軍營，統歸和春節制。為江南大營再潰張本。批畢，即交與軍機。並囑此後奏報到來，著軍機先行擬旨，一併呈入，免朕事事動筆，休得忘記。下文懿貴記擬旨，已兆於此。軍機領旨去訖。未幾，前署安徽撫事李孟群，殉難廬州，淮陽道郭沛霖，死事定遠，一切撫卹事宜，都由軍機處擬定，咸豐帝略略一瞧，便令照行。

一入初夏，突聞英、法各國又遣來兵艦四艘，竟到大沽口要與中國開戰。看官，上文說過，天津和約已經雙方允妥，各國艦隊統已退去，為何此時又來，且要開戰呢？原來去年定約，因要鈐用國寶，彼此須費手續，定期翌年互換。此次正來換約，適值大沽設防，由僧親王遣人攔阻，令各國船隻卸去軍械，改由北塘駛入。各使臣多半聽命，獨英艦長卜魯士抗不遵行，竟駛入大沽，毀去防具，立刻豎起紅旗來。僧王也下令戒嚴，炮臺上一律籌備。俄聞炮聲突發，料是英船開炮，即飭炮臺還擊。撲通撲通的一陣響，把英艦轟傷了兩艘，餘船逸去。只美使華若翰改道行走，才得換約。這一場的小勝，宮廷上下爭相慶賀。醜態如繪。咸豐帝忙下諭旨，特別褒獎。並準於捐輸項下，提銀五千兩，分別賞賚。嗣是龍心快慰，總道洋人敗退不敢再來，連天津和約都可廢去，便安安穩穩地在園度冬。想是交桃花運。看看殘臘將盡，方才還宮。

十年元旦，臨朝受賀。因是年三旬萬壽，頒詔天下，特封賞各親王、貝子有差。轉瞬春暮，萬壽節屆。咸豐帝御正大光明殿，一班王大臣及蒙古王、貝勒、貝子、公等，齊集殿前，行祝嘏禮。只外省督撫、將軍、提鎮等，已預發諭旨，令他注重軍事，不必來京。因此熱鬧之中尚帶三分寂靜。祝嘏禮畢，至同樂園賜食。大眾醉酒飽德，不消細敘。宮中亦照例慶賀，一律賜宴。懿貴妃與宴後，滿擬咸豐帝到來，眼睜睜的候著，許久不聞影響，只由總監繳到一紙，乃是咸豐帝親筆，上寫著：明日上午，自貴妃以下，統至圓明園領宴。懿貴妃不覺大憤，頓時怒形於色。忽又嗤然一笑，道：「聖上弘慈，不問滿漢，一體相待。奈我沒福消受怎好？」讀此言已見才具，不似尋常婦女，一味亂罵。想了一會，便令宮女展寢而睡。

次日，咸豐帝一早到園，由四春娘娘迎入，叩賀聖壽。不多時，見宮中妃嬪，統似花枝招展翩翩前來，謁過聖駕，並與四春見禮。滿漢同席，內外一堂，乃是曠古罕逢，真個皇恩普遍。只有懿貴妃那拉氏待久不至。等到午牌，方有宮監來報：懿貴妃略染小恙，不能遵旨領宴。咸豐帝聽著，便道：由她罷！當下肆筵設席，列坐開樽，酒落歡腸，目迷春色。這一邊是北部胭脂，那一邊是南朝粉黛，花為四壁香為國，錦作屏風玉作堆。到了興酣席散，妃嬪等才謝宴回宮。獨咸豐帝留住園中，與四春娘娘作長夜歡。寶帳春深，鸞幃露重，幾乎把這個咸豐帝溶化在安樂窩中。色上有刀，其能久乎！

可奈樂極則悲，泰極則否，霓裳之舞未終，鼙鼓之聲又起。英使額爾金，法使噶羅，又率艦隊來犯天津。咸豐帝狃於前勝，不以為慮，只飭令僧格林沁加意嚴防，自己仍在園中享受溫柔滋味。要享完了，奈何！過了數日，忽接僧王加緊軍報：大沽口北岸炮臺已被英法各軍占去，提督樂善陣亡。咸豐帝尚不甚著急，只鄭親王端華、尚書肅順，入園謁帝，力主撫議。咸豐帝道：「撫議也好。」端華、肅順又請召回僧郡王，免延戰禍。咸豐帝復準了他奏。僧王一退，英法軍即入陷天津，軍報一日緊一日，咸豐帝也焦急起來。一面派大學士桂良赴津議和，一面令大學士瑞麟統京旗兵九千出防。誰知議和無效，籌防不足，英法聯軍竟從天津入犯，擾及河西務。僧、瑞兩營連戰失利。咸豐帝再遣怡親王載垣與桂良協商和議，復飛召南軍入京勤王。副都統勝保，奉旨馳到，與洋兵戰了一仗，又遭敗衄。於是北狩之議遂起。懿貴妃在宮，聞這訊息，密令恭親王奕訢率領滿朝文武，到圓明園中籲請咸豐帝還宮，堅守京師。咸豐帝只是不從，待奕訢出園後，暗令四春娘娘整頓行裝，準備北狩。另派端華入宮，密接后妃等出來，至圓明園會齊。箭在弦上，不得不發，任你那拉貴妃如何能耐，也只好挈著皇子，隨了端華，一同赴園。到園後，見車輛馬匹已預備停當，料知無可挽回，遂陪著乘輿，倉皇出狩去了。懿貴妃虧得隨扈，否則從此休了。這時怡親王因和議不成，先日馳回，隨扈北去。還有端華、肅順，及軍機大臣穆蔭、景壽、匡源、焦祐瀛、杜翰等八九人相率扈從。在下有詩嘆道：

翠華北狩出京城，宮眷廷臣一例行。
回首御園何處是，四春從此別蓬瀛。

欲知北狩以後如何情形，且至下回再閱。

女無美惡，入宮見妒，不特一那拉氏為然，無足怪也。唯那拉氏柔中寓剛，剛中寓柔，尋常婦女斷不可與同日語。閱者於本回中求之，蛛絲馬跡，顯然可見。故是回雖純是過渡文字，而旁敲側擊，左縈右拂仍不離那拉氏，與喧賓奪主者不同。

慘遭縱火澱園被焚　望斷回鑾熱河馳訃

卻說咸豐帝挈眷啟程，顧不得途次狼狽，匆匆北走，至百里外才停住御蹕，留宿行宮。至是懿貴妃始得進言，勸帝不必遠行。大旨言：皇上北狩，宗廟無主，恐遭夷人踐毀。從前周室東遷，一蹶不振，可為殷鑒。還望聖衷俯納等語。言似有理，然試問後日拳亂，何以倉皇出走？請那拉氏語我來。咸豐帝此時，已覺疲憊得很，默不一答，只令總監取出紙筆，即潦草寫著：著恭親王奕訢留守，仍督僧、瑞二軍，駐師海澱。欽此！寫畢，就飭總監交與怡親王，著人飛速齎去。

忽由京中遞到奏摺。咸豐帝大略一瞧，便擲置案上，倚枕躺著。懿貴妃取折細閱，署名乃是副都統勝保，便向咸豐帝道：「看這奏摺未始非是，聖意以為何如？」咸豐帝道：「且到明日再說。」懿貴妃道，「據勝保奏，系促南兵入援。火速催趲，尚恐南北道遠，緩不濟急，那裡還好延遲？」咸豐帝道：「既如此，可飭載垣等擬旨進來。」懿貴妃道：「這也不必，奴才雖是女流，也能摹擬一二。」技已癢乎？咸豐帝道：「你且擬來，待我瞧過。」於是懿貴妃遂蘸墨舒毫，立就數百言。其文道：

據勝保奏稱：「用兵之道，全貴以長擊短。洋人專以火器見長，若我軍能奮身撲進，兵刃相接，敵之槍炮，近無可施，必能大捷。蒙古京旗兵丁，不能奮身擊刺。唯川楚健勇，能俯身猱進，與敵相搏，洋人必受懲創。請飭下袁甲三等，於川楚勇中，挑選得力若干名，派員管帶，即日起程赴京，以解危急」等語。洋人犯順，奪我大沽炮臺，占據天津。撫議未成，現已帶兵至通州以西，距京咫尺。僧格林沁等兵屢失利，都城情形，萬分危急。現在外軍營，川楚各勇均甚得力，著曾國藩、袁甲三各挑川楚精勇二三千名，即令鮑超、張得勝管帶；並著慶廉於新募彝男、及各川楚勇中，挑選得力數千名，即派副將黃得魁、游擊趙喜義管帶；安徽苗練向稱勇敢，著翁同書、傅振邦飭令苗沛霖遴選練丁數千名，派委妥員管帶；均著兼程前進，剋日赴京，交勝保調遣。勿得藉詞延宕，坐視君國之急。唯有殷盼大兵雲集，迅掃逆氛，同膺懋賞，是為至要。將此由六百里加緊各諭令知之。欽此！

寫訖，便捧呈御覽。咸豐帝瞧畢，不由得嘉獎道：「很好，就照此頒發吧。」誠如皇言，可惜政由內出。懿貴妃忙頒將出去，任你怡鄭各王如何權大，究竟不敢阻撓。便由六百里馳驛分遞。怡鄭兩王之危機，已兆於此。次日御駕又飭啟行，懿貴妃諫阻不住，仍隨駕前往。臨行時，咸豐帝復親頒朱諭，著恭親王奕訢為全權大臣。自己卻帶領扈從人等，即向灤陽出發。

這時京城裡面擾亂得很，文官主和，武官還要主戰。僧格林沁因英參贊巴夏禮出言不遜，竟將他誘縛解京。英人越發猖狂，搖旗放炮，節節進攻。清兵的器械，不及洋兵的快利，遇著彈子飛來，統跑得不知去向。那洋兵如入無人之境，竟馳到京師，把禁城三面圍住。恭王急極，與大學士周祖培、尚書陳孚等商議，統是面面相覷，不發一言。至接奉全權大臣的諭旨，方決計主和。嗣又聞行在飛召南軍，又弄得疑惑不定。忽由桂良交來照會一角，乃是索還巴夏禮，否則開炮轟城。恭王見照會上有三日期限，還略略放心。挨一日過一日，等到三日期滿，尚是猶豫不決。勝保等要殺巴夏禮，桂良等要放巴夏禮，兩下正在相持。忽報英兵繞出城西，攻打海澱。海澱就是圓明園。上文已有明諭，令恭王督著僧瑞二軍，駐守該地。恭王得了此警，忙至海澱督防。甫入園，內務府大臣文豐，已慌忙馳至，報稱僧瑞兩軍不戰先潰，洋兵要殺進園裡來了。這句話嚇得恭王回頭就跑，一口氣跑至長新店方才停足。大學士瑞麟、軍機大臣文祥等亦陸續奔到，大家會議了一回，只有釋放巴夏禮或可轉圜。忽擒忽縱，好似兒戲。這邊照會尚未發出，那留守京師的王大臣已將巴夏禮開釋，派海關監督恆祺送往英營。恭王聞這訊息，總道外憤漸平，慢慢兒可以議撫，一心一意的候著。不料過了兩天，軍探報稱圓明園被焚，火尚未熄。恭王嗟嘆不已。又過兩日，聞報圓明園全座毀去，都是英參贊巴夏禮主張，一直燒了三日三夜。恭王不禁頓足道：「百年心力，一旦成灰，何以對列祖列宗於地下？」你也曉得對不住祖宗麼！

言未已，門上送進公文，乃是從京中發來。拆開瞧時，乃是法使噶羅，願居間排解，只請王爺入城議約。恭王還是畏怯，復示稱：撫議定當即進城。留京王大臣得復，料知恭王尚有戒心，遂與洋人自行交涉，開城接商。巴夏禮帶百餘人入城，法使噶羅亦入，先索恤款五十萬兩。王大臣蒐括御庫，如數付給。然後兩下議款。磋磨許久，才擬定於八年原約外，更闢天津為商埠，增派領事駐中國；償英國銀一千二百萬兩，法國銀六百萬兩。議定，再報知恭王。恭王除照允外，沒有別法。到九月十一日，在京城禮部衙門換約，恭王奕訢方率同屬官，帶著護衛入城，到禮部大堂伺候。等了一歇，英使額羅金、參贊巴夏禮，也到署中。左右列座，安排筵宴。席間就換了和約，兩造盡歡而散。次日又與法使照樣換約。只俄使圓滑得很，此次未曾與戰，反在旁代作調人。後來與恭王另訂北洋條約，除通商納稅，統照英法辦理外，又把烏蘇里河東岸地圈劃了去，算來是他最占便宜呢。上文一段不得不敘，好教閱者接洽時事。

且說咸豐帝駕幸灤陽，直至熱河。熱河在京師東北，舊屬承德府管轄。向設圍場，為歷代請帝秋獮之所。地名木蘭，築有避暑山莊。自道光以後，此制久廢。這次咸豐帝避難至此，清史上稱作北狩。其實是蒙塵出走，託名蓋羞，這也是有史以來，遇著天子出奔，往往是這般說法的。解釋明晰。咸豐帝既到熱河，就借避暑山莊，作為行在。章奏仍陸續往來，起初接著各種軍報，還是一一瞧閱，所有批諭，簡單的都是親筆，此外由軍機擬旨，亦必親自過目，酌量增損。及聞海澱被焚，不覺吃一大驚，弄得目瞪口呆，險些兒將身暈倒。四春休了，文宗休了。獨有那拉貴妃反易憂為喜，和顏悅色的在旁勸慰。咸豐帝雖勉強答應，目中已瞧透三分。自此心灰意懶，漸漸的染起病來。

和議告成，在京各王大臣聯銜奏請回鑾。咸豐帝只下一道諭旨：飭南軍不必北來。至於回鑾事情，簡直擱起。嗣經在京王大臣一再遙奏，才頒出上諭道：

本年天氣漸屆嚴寒，朕擬暫緩回京。俟明春再降諭旨。欽此！

在京的王大臣，接奉上諭後，議論紛紛，多說京中不可無主，回鑾最是要緊，總須設法奏準才好。於是聯合直省各疆吏，恭請即日回蹕。那拉貴妃也日日慫恿，惹得咸豐帝懊惱，檢出南中奏摺一大疊，擲與貴妃道：「你瞧，你瞧，朕在京時，已聞得江南大營又復潰陷，和春、張國梁統已陣亡。嗣後蘇常一帶，相繼失守。近日徽州又報被陷，還有捻匪竄擾山東，這般時勢還要回京什麼？」東南軍事借咸豐帝口中敘入，免與上文重複。看官，這懿貴妃自邀寵以來，從不見有這樣御容，此番碰了一個大釘子，不知她心中如何難過。她卻不露聲色，婉言答道：「日前兩江總督，已著曾國藩補授，山東的捻匪，昨已見過諭旨，命僧格林沁往剿。他兩人統老成得很，將來必能告捷，萬歲爺何庸過慮。唯京中無主，未免可憂，還請回鑾為是！」咸豐帝並不回言，竟歪在炕上，好似睡著去了。懿貴妃不便再勸，只好隨著御駕在熱河過年。

是年冬季，咸豐帝已精神恍惚，坐臥不寧，咯血、夢遺諸症，次第發作。到十一年元旦，勉強起床，御澹泊誠敬殿受賀。轉至勤政殿，賜近支親藩筵宴。六宮妃嬪，也遵著京中舊例，慶賞一天。只咸豐帝終怏怏不樂，午牌後便入內高臥，諮嗟不已。京內外各大臣統著人赴行在上表，賀喜以外，並請回鑾吉期。咸豐帝尚想延挨，經懿貴妃聯合皇后彼此互勸，乃諭於二月十三日回鑾。扈從各員，因回鑾期近，各自預備。獨怡親王載垣、鄭親王端華，及宗室尚書肅順，一些兒沒有舉動。大眾懷疑得很，私下去問肅順。我亦欲問之。肅順笑道：「據我看來，回鑾的日子恐沒有這般迅速。」大眾道：「諭旨煌煌，那裡還可更變！」肅順道：「諸公不信，到期自知。」大眾不便續問，只一日一日的待著。到了二月初旬，並沒有安排鑾駕的訊息，大眾才覺驚疑。至二月十一日，頒發上諭：改期二月二十五日。過了十天，由怡親王載垣，奉旨宣召各大臣會議。大眾應召畢集，由怡王迎入。行過了禮，怡王才啟口道：「今晨奉到面諭，乃系聖躬違和，未便啟程。因令各王大臣從長計較，究應回鑾與否，詳實奏聞。」大眾聽說，各鉗住了口，不贊一辭。忽見肅順開言道：「聖上意思，是不願回鑾。但皇言不便反汗，所以令群下會議。現在只可曲體聖衷，聯銜復奏，緩日回鑾罷！」怡親王道：「我亦這麼想。」當下此唱彼和，無不贊成。一班馬屁鬼。遂由怡王領銜，諫阻回鑾。奉批：著照所請。竟將前時頒下的成命化作烏有了。大眾服肅順先見，相晤時很是讚揚。肅順道：「諸公但知其一，未知其二。試想聖上在京時，整日住在圓明園，現在成為焦土，回鑾後見了故址，寧不傷心？況皇上所寵的四春娘娘，遵著祖制不能入宮，將來當安插何處？目下聖體違和，也是為著這事憂勞所致。我們不能為皇上分憂，已自抱愧，難道還要皇上添憂麼？」一口道破，確是明見，奈不逮一哲婦何。大眾才各自瞭然。

這番話傳入宮中，懿貴妃很是不悅。即密遣心腹宮監安得海，夤夜入京，叫恭王奕訢前來。奕訢膽小，不敢遽允，只會同軍機大臣文祥，酌繕奏摺，願赴行在祇問起居。安得海回至行在，奏摺亦即齎到。咸豐帝閱奏畢，即召載垣入，擬定旨意，叫他不必前來。諭云：

朕與恭親王奕訢，自去秋別後，倏經半載有餘。時思握手而談，稍慰廑念。唯朕近日身體違和，咳嗽未止，紅痰尚有時而見，總宜靜攝，庶期火不上炎。朕與爾棣萼情聯，見面時回思往事，豈能無感於懷！實於病體未宜；況諸事妥協，尚無面諭之處。統俟今歲回鑾後，再行詳細面陳。著不必赴行在，文祥亦不必前來。特諭。

這諭發出，懿貴妃的計策全然無效，一腔熱憤都噴在載垣、端華、肅順身上，專待機會到來，把三人立刻處死。可憐怡鄭兩親王尚蒙在鼓裡，未曾防著。死了。只肅順有些乖覺，嘗密語怡鄭兩王，叫他先事預防，毋墮彼手。怡鄭二王威尊勢盛，那裡放在心上。可巧侍衛榮祿與懿貴妃有親戚關係，貴妃與他暗中聯繫，作為外援。這事被肅順聞知，遂至怡鄭二王處，令他密奏帝前，廢去貴妃。怡鄭二王還疑肅順多事，但心中恰也記著。

是年夏季，天氣酷暑，熱河一帶也是炎熱得很。咸豐帝病體加劇，日夕臥著，有時記著四春娘娘，令她入侍。偏這懿貴妃從中阻撓，不許近前。就使見了一面，也是不便多談。因此咸豐帝懷恨貴妃。怡鄭二王，微窺上意，問疾時，請屏去左右，密陳貴妃、榮祿內外勾結事。木朽蟲生。咸豐帝半信半疑。擬俟病體少痊，調查確證。無如心越煩悶，病越沉重。到六月初九日誕辰，扈從各王大臣統至福壽園朝賀。咸豐帝尚勉力支撐，蒞園受禮，並即賜宴。歡宴未終，咸豐帝已掙扎不住，令兩太監扶掖還寢。妃嬪人等，還待著行禮，由宮監宣詔賜免。自是咸豐帝終日臥著，不能臨御如常了。

看官聽著，這咸豐帝即位初年，頗思振作有為，幹一番旋乾轉坤的事業。可奈內有發捻，外有英法等國，嘩亂不休，擾得心盡力疲，仍歸無效，反喪失了許多土地、許多金錢。鬱極思解，忙裡偷閒，就把那絕色女子選了幾個，作為消遣的玩物。誰知女色蠱人，容易伐性，以一御十，不耗亦枵。又況倉皇出狩，飽歷風霜，悵皇路之多艱，痛名園之不復；又復讒間交作，謠諑多端，任你如何強壯，也要變成癆瘵。一挨兩挨，竟致不起。總束數行，可作當頭棒喝。皇后、貴妃急得什麼相似，日日到京中催趲御醫。來了幾個岐黃妙手，能醫病不能醫命。至七月中壬寅這一日，病已大漸。咸豐帝密囑皇后，取出一張遺旨，交付了她，叫她不要遺失。皇后瞧了一瞧，便藏在懷中。暗伏下文。湊巧懿貴妃也踱將進來，還道是交代御寶，忙向皇后婉問。咸豐帝已聞著，道：「御寶麼……」就從枕邊檢出交與皇后。隨命召載垣、端華、肅順、景壽、穆蔭、匡源、杜翰、焦祐瀛等八人，入草遺詔：立皇長子載淳為皇太子。又囑咐了數語，無非是託孤寄命的話頭。八人退出，又閱一宵，到癸卯日寅刻，咸豐帝竟崩逝去了，享壽三十一歲，廟號文宗。載垣、端華、肅順等，入內哭臨。

至大殮後，即扶出六歲的皇太子，在柩前即皇帝位。越日，尊皇后鈕祜祿氏及皇太子生母皇貴妃那拉氏，均為皇太后。並後匹嫡，亂之本也。旋復上皇太后徽號曰慈安，上生母皇太后徽號曰慈禧。並擬定新皇帝年號，是「祺祥」二字。新皇帝年只六歲，所有一切政務，自然由載垣、端華等獨斷獨行。且因咸豐帝遺命有贊襄一語，他八人遂自稱讚襄政務王大臣。先頒喜詔，復頒哀詔。

過了數天，即接到恭王奕訢等來折，請準至熱河奔喪。載垣、端華、肅順等私議道：「奕訢此來，不懷好意，須阻住他方好。」當下由肅順擬旨，略說京師重地，留守要緊，毋庸來此奔喪等語。

這道旨才頒發出去，忽由兩宮太后發下御史董元醇一折。載垣取來瞧著，不禁連聲叱道：「混帳，放屁！」正是：

貴胄挾權方蓄意，臺官拜折忽翻新。

畢竟折內有何言語，待小子下回表明。

那拉貴妃之始阻出狩，繼勸回鑾，名正言順，一若關心大計，毫無私見者。然迨文宗彌留，第一著即索御璽，攬權之私心已見，厥後生殺予奪，唯所欲為，先後判若兩人。人皆疑之，吾謂無庸疑也，小忠小信正所以固結主意，籠絡人心耳，他人不敢阻，而彼獨阻之，他人不敢勸，而彼獨勸之，唯其敢也，所以成後此種種之辣手。明眼人閱到此回，尤見到書人深心。

定密謀啟程返蹕　戮輔臣創制垂簾

卻說董御史所陳奏摺，由怡親王載垣取閱，頓時痛詈不休。端華、肅順從旁瞧著。端華道：「我朝祖制，從來沒有見過。那個膽大的御史敢倡此議？」肅順道：「這是明明有人主使，我們須要力爭哩！」正說著，忽有懿旨下來，立召贊襄王大臣入議。載垣等便即趨入。見兩太后東西分坐，當即行禮。禮畢，先開口的是西太后，就是咸豐帝在日的懿貴妃。在下又要改稱了。特補一筆。西太后諭道：「御史董元醇，奏請兩宮垂簾聽政，這件事果可照行麼？」奏中要旨從此敘出。載垣道：「這是祖制所沒有的，請兩宮太后明察。」西太后道：「祖制雖是未有，但也不曾禁止。況如原奏所言，應派近支親王一二人輔政，內外相維，很覺妥當。看來可以照辦。」端華歆介面道：「祖制究不可違。祖制所有，不好妄廢；祖制所無，亦不好妄作。奴才等只知謹守祖訓的。」西太后面有慍色，東太后怡怡然道：「這是重大的題目，你等須靜心參酌才是。」西太后道：「他們的意思，簡直是不肯奉旨哩。」一句緊一句。肅順至此，忍耐不住，竟直說道：「奴才等贊襄皇上，不能聽命太后。況是有違祖制，教奴才如何奉詔？」西太后陡睜鳳目，怒視肅順。大有撲殺此僚之態。東太后瞧這形容，便道：「且從緩議。教他們暫退罷！」虧她解圍。載垣等便碰頭而退。肅順出外，復語載垣道：「董元醇那張奏摺，倒要嚴加駁斥，免得他人希旨承顏，再來效尤。」料事頗明，奈偏不從汝願，奈何！載垣、端華連聲稱「善」。隨叫軍機擬旨，抬出祖制兩字，把董御史嚴斥一番，方覺安然。

過了數日，忽報恭王奕訢已到行在。載垣等很是驚疑，正擬遣人探問，恭王已投刺請見。載垣等只好迎入。想見畢，便問奕訢來意。奕訢道：「此來不過是叩謁梓宮，慰問太后便了。」載垣道：「六王爺未曾奉召，竟自離京，京內何人負責？」奕訢道：「在京王大臣，多得很呢！況目下安靖如常，沒甚可慮。俟謁過梓宮，並請過兩宮太后安，即擬返京。此間政務，有諸公在，自問年輕望淺，不敢預聞。」肅順笑道：「梓宮可謁，唯兩宮太后處不應入覲。」奕訢問是何故？忽從肅順背後轉出一人，朗聲道：「兩宮太后與六王爺有嫂叔之嫌，古禮嫂叔不通問，所以不應入覲。」孝莊后且下嫁攝政王，祖制如斯，何故失記？反要援引古禮呢！奕訢視之，乃是軍機大臣杜翰。剛思辯駁，聽載垣等已同聲附和，料知口眾我寡，不便爭執，反婉詞答道：「有這嫌疑，只好託諸位代為請安了。」隨即起身辭出，回到寓所，心下很是躊躇。巧值太監安得海到來，便與密商許久，想出一個離奇的法子，安太監方才別去。

這日晚間，燈光黯淡，月色朦朧，避暑山莊門外有一男一女聯翩趨入。侍衛忙去檢視，當先的乃是安太監得海，隨後的好像宮娥模樣。便不加盤詰，由他入內。翌日黎明，侍衛尚未上班，安太監已將宮娥導引出去。看官，你道這宮娥是誰？就是皇叔恭親王奕訢。鄭重言之。原來恭王此來，實奉西太后密召，商議祕謀，偏偏被八個贊襄大臣從旁攔阻，不許入宮請安。那時由安太監想一妙法，令恭王喬扮宮娥，混入行官，密密切切的談了一夜，商量妥帖，清晨即辭。侍衛等不知就裡，總道是宮眷出入，沒甚關係，那裡曉得已暗度陳倉，中了他嫂叔密商的妙計。說明就裡，令人醒目。

恭王出宮後，即赴梓宮前哭臨。是夕，即至載垣、端華等處辭行，翌晨就啟程回京。忽來忽去，明眼人便要動疑，載垣等茫乎若迷，安得不死？載垣、端華、肅順等還道恭王索然而返，料無他虞。不意懿旨又下，著行在人員，預備車駕，恭奉大行皇帝梓宮回京。載垣不覺驚訝道：「有這麼迅速，正是出人意外！」當下與端華、肅順等入見兩宮太后，請少從緩辦。西太后沉著臉道：「大行皇帝在日，時思回鑾，只因聖躬抱恙，未便登程。不幸齎志崩逝，在天有靈，早一日回京，即早一日告慰。如何還好緩辦！」載垣碰頭道：「恐怕京中未安，所以懇請展緩。」西太后道：「京中早已平靜了。你等是贊襄嗣皇的大臣，應該導嗣皇勉盡孝思，趁此天氣未寒，沿途安靜，正好奉喪回去，仰可以安先靈，俯可以慰物望。這才叫做贊襄盡職哩！」這番話說得載垣啞然無言，就是能言善辯的肅順，也變作反舌無聲。沒奈何只好遵著旨，退出宮門。第一著失敗了。載垣還怨著端華、肅順道：「你們這兩人今日為何半句不說？」肅順道：「西后最恨的是我，我還要說什麼？且至住所再商。」

數人徐步回來，同至怡王住所。肅順才獻計道：「回鑾時候，我們八人分做兩起走罷！」載垣道：「這是何意？」肅順道：「扈駕的扈駕，護送梓宮的護送梓宮。」載垣尚莫名其妙，肅順附載垣耳道：「我不害人，人將害我。為今日計，莫如由王爺帶著侍衛兵丁，扈送兩宮，由間道先回。途次如可下手，便好除掉那拉氏，以免後患，」計太毒了。載垣不由得伸舌道：「這……這事可使得麼？」肅順道：「此計不行，死在目前了。」載垣道：「你與我同去否？」肅順道：「我在後護送梓宮，接應王爺，先後聲援，不怕他們謀我。」叫別人去使毒計，自己恰安居後面，真是良策。載垣還有些膽怯，再與端華商量，請他同去作一幫手。端華應允。議既定，即奏擬回鑾日期，並請兩宮太后及嗣皇帝，於恭送梓宮登輿後，先行啟蹕回京，以節勞勩。又將贊襄王大臣派定，某某扈駕，某某護送梓宮等語奏明。西太后得了此奏，很中下懷，她正想先日到京，好與恭王密商一切，計除三人。當即下諭：準於九月二十三日恭送梓宮登輿，先從間道返蹕，祇候梓宮到京，在德勝門外恭迓。著王大臣敬謹將事，毋稍隕越，云云。啟行前一日，西太后先密召侍衛榮祿，叮囑再三，方命退出。強中更有強中手，怡王奈何？肅順奈何？

次日天明，兩宮太后挈著幼主，並六宮妃嬪等，以及扈從文武各大員，出麗正門，跪送梓宮登輿。然後把隨從分作兩路。太后、皇帝妃嬪等人，由怡鄭兩王擁護，從間道出發。途次遇著大雨，道路泥濘，很是難行。西太后下旨：著隨從等催趲前進，毋憚勤勞，到京自有重賞。於是冒雨登程，除夜間駐蹕外，片刻不停。行到古北口，四面都是曠野，猿啼鶴嘯，淒寂異常，怡鄭二王正思動手，猛見侍衛榮祿帶兵一隊從後趕來，怡王覺得有異，急忙啟問。榮祿答稱奉兩宮太后密旨，特來保護。怡王還思阻攔，不意榮祿不再理睬，直至兩太后輦旁請安。自此晨夕不離，就是途中供奉，也由榮祿嚴密檢查，一些兒沒有遺漏。怡鄭兩王不敢發難，只好瞪著兩眼由他前去。第二著又失敗了。九月二十九日，兩宮以下安抵都門。留京王大臣等，由恭王帶領出城排班跪迓。兩宮太后宣旨平身。大眾謝恩起來，站立兩旁。這冠冕堂皇的鑾駕，竟由侍衛、宮監等安安穩穩抬入京城。想從怡鄭兩王跟中看出。迎送各員統同隨入。怡鄭兩王一時也沒有擺布，暫回原邸安息。

越宿，即由大學士賈禎領銜會集朝臣，奏懇兩宮太后垂簾聽政。一折甫上，兩折又來，乃是欽差大臣副都統勝保奏請皇太后親理大政，並另簡近支親王輔政。兩宮太后瞧過後，把垂簾事交議，即授恭親王奕訢為議政王。十月初二日，梓宮到京。

兩宮太后又挈著嗣皇，及各王大臣等孝服出迎，怡、鄭兩王也隨班行禮。但見兩宮左右統是禁軍擁衛，此外又有大營駐紮。料是恭王奕訢所使，又驚又恨。驚固不必，恨亦無益。及梓宮入城奉安，即頒下一道諭旨：令載垣、端華、肅順著即解任，景壽、穆蔭、匡源、杜翰、焦祐瀛退出軍機。迅雷來了。載垣等聞這上諭，已知禍事臨頭。只因肅順尚留次密雲，未曾到京，眼前少了一位智多星，正是焦急萬分。這個智多星徒知趨避，也不中用。忽由恭王奕訢、大學士桂良、周祖培、軍機大臣戶部左侍郎文祥，率領侍衛數十人，不待通報竟大著步走入門來。載垣愕然道：「諸位到此有何公幹？」奕訢道：「有旨飭王爺解任。」載垣笑道：「我已早聞知了。解任乃是小事，為何煩勞諸位同來？」奕訢道：「還有旨。」載垣道：「你們大驚小怪，都是糊塗得很。你想，我等是贊襄大臣，面受先皇顧命，無論大小政務，統由我輩裁決。我輩未入，旨從何來？」奕訢笑道：「你敢不遵旨麼！」正爭論間，鄭親王端華也昂然直入。他聞恭王等到怡邸中，未識何因，故此前來探問。自來送死。奕訢見他進來，便道：「鄭王爺也來了，巧得很，好與我們同行。」端華道：「到那裡去？」奕訢道：「到宗人府去！」端華尚未回答，載垣忙向端華道：「你不要聽他，他們是假傳聖旨哩！」奕訢厲聲道：「聖旨豈可假傳？你不肯接旨，我們也顧不得了。」便喝令侍衛動手。侍衛等便一齊上前，狐假虎威，不由兩人分說，將他倆捆縛定當，像扛豬般扛了出去。

妙語解頤。扛到宗人府，交給宗令看管，隨即入宮復奏。載垣、端華兩人方才拿下，那詭計多端的肅順，也由睿親王仁壽、醇郡王奕譞押解前來。原來西太后最恨肅順，亦最忌肅順，聞他留次密雲，先密令仁壽、奕譞二人帶了禁旅，夤夜去拿問肅順。肅順因密謀失敗，正恐著了道兒，故意的逗留不進。這夕正閉門高臥，忽聞獸環大震，正思起床出問，不意豁喇一聲，門已大開，一班如虎似狼的衛隊導著兩位紅頂花翎的大員飛速入內，把他揿住床上，套入腳鐐、手銬，似鳳陽女子牽猢猻，隨手扯去。上文說像扛豬，此處說似牽猢猻，絕妙映照。肅順瞧那欽差，認得是仁壽、奕譞，便問何罪被逮？仁壽只答稱「奉旨拿問」四字。肅順道：「未曾革職，先要拿問，恰是奇聞！」奕譞笑道：「既要拿問，自然革職，你不必多言，且至宗人府再說。」肅順無可奈何，只得由他牽住，跟同入京。一到宗人府，見載垣、端華兩人先已被囚，不由得嘆息道：「那拉氏真好辣手！我輩沒命也罷，只滅清朝者葉赫，那話兒也應驗了。」

次日，即在宗人府聽審。坐堂的大員，除宗正外，無非是大學士賈禎、桂良等一班人物。審訊的事件也無非是營私舞弊、罔上攬權等幾條案子。載垣、端華還要答辯，肅順道：「辯什麼，那拉氏總要葬死我們的。但我恰要問明一聲：『新皇未曾登極，革職拿問的諭旨，何人鈐印？』宗正道：「是兩宮太后鈐印，所用的乃是先皇遺寶。」肅順道：「可是同道堂印麼？」宗正答一「是」字。肅順道：「罷罷，好一位西太后，你們趨奉著她，總是吃著不盡！」又顧載垣、端華道：「不聽吾言，致有今日。」原來肅順當日曾要載垣、端華預索御寶，載垣落了人後，故有此語。宗正還要索供，肅順道：「隨你如何定讞，我總承認。」宗正即遞與一紙，令他簽字。肅順立即簽就。宗正又令載垣、端華兩人照簽，兩人尚是狐疑，肅順道：「承認也死，不承認也死。武曌重生，顧命大臣還想逃死麼？」兩人亦即簽訖。仍牽禁暗室。當由聽審諸大員讞定罪名，當日奏聞。次日即頒諭道：

宗人府會同大學士九卿翰詹科道等，定擬載垣等罪名，請將載坦、端華、肅順照大逆律，凌遲處死一折。載垣、端華、肅順於七月十七日皇考升遐，即以贊襄政務王大臣自居。實則我皇考彌留之際，但面諭載垣等立朕為皇太子，並無令其贊襄政務之語。載垣等乃造作贊襄名目，諸事並不請旨，擅自主持。即兩宮皇太后面諭之事，亦敢違阻不行。御史董元醇條奏皇太后垂簾事宜，載垣等獨擅改諭旨，並於召對時，有伊等系贊襄朕躬，不能聽命於皇太后之語。當面咆哮，目無君上。且每言親王等不可召見，意存離間。此載垣、端華、肅順之罪狀也。肅順擅坐御位，於進內廷當差時，出入自由，目無法紀，擅用行宮內御用器物；於傳取應用對象，抗違不遵；並自請分見兩宮皇太后，於召對時，詞氣之間，互有抑揚，意在構釁。此又肅順之罪狀也。一切罪狀，均經母后皇太后、聖母皇太后，面諭議政王、軍機大臣，逐款開列，傳知會議王大臣等知悉。茲據該王大臣等按律擬罪：請將載垣、端華、肅順凌遲處死。當即召見議政王、軍機大臣等，面詢以載垣等罪名，有無一線可原。據該王大臣等僉稱：載垣、端華、肅順跋扈不臣，均屬罪大惡極，於國法無可寬宥。朕念載垣等均屬宗人，遽以身罹重罪，悉應棄市，能無淚下！唯載垣等前後一切專擅跋扈情形，實屬謀危社稷，是皆列祖列宗之罪人，非獨欺凌朕躬為有罪也。在載垣等，未嘗不自恃為顧命大臣，縱使作惡多端，定邀寬宥。豈知贊襄政務，皇考並無此諭，若不重治其罪，何以仰副皇考付託之重，亦何以飭法紀而示萬世。即照該王大臣所擬，均即凌遲處死，實屬情真罪當！唯國家本有議親議貴之條，尚可量從末減，姑於萬無可貸之中，免其肆市。載垣、端華均著加恩，賜令自盡。肅順悖逆狂謬，較載垣等尤甚，本應凌遲處死，現著加恩改為斬立決。至景壽身為國戚，緘默不言，穆蔭、匡源、杜翰、焦祐瀛於載垣等竊奪政柄，不能力爭，均屬辜恩溺職。穆蔭在軍機大臣上行走最久，班次在前，情節尤重。該王大臣等擬請將景壽、穆蔭、匡源、杜翰、焦祐瀛革職，發往新疆，效力贖罪，均屬咎有應得。唯以載垣等凶焰方張，受其箝制，均有難於爭衡之勢，其不能振作，尚有可原。御前大臣景壽著即革職，加恩仍留公爵，並額駙品級，免其發遣；兵部尚書穆蔭，著即革職，加恩改為發往軍臺效力贖罪；吏部左侍郎匡源、署禮部右侍郎杜翰、太僕寺卿焦祐瀛，均著即行革職，加恩免其發遣。欽此！

諭下後，即派肅親王華豐、刑部尚書綿森，往宗人府逼令載垣、端華自盡。又派睿親王仁壽、刑部右侍郎載齡，監斬肅順。

三人已死，一班王大臣已知西太后手段，那個敢去虎頭上搔癢！垂簾聽政的局面當即大定。十月初九日，皇太子載淳即位於太和殿，以明年為同治元年。「同治」兩字，含有兩宮同治的意思。本由載垣等擬定「祺祥」，嗣因載垣等犯法，遂易號「同治」。這是大學士賈楨揣摩迎合想出來的。十一月朔日，帝奉兩宮皇太后御養心殿，垂簾聽政，批發諭旨，統蓋「同道堂」印，後人有詩詠道：

北狩經年蹕路長，鼎湖弓劍望灤陽。
兩宮夜半披書事，玉璽親鈐同道堂。

未知垂簾後如何情形，且待下回分解。

西太后一耳，載垣、端華、肅順則有三焉，益以景壽、穆蔭、匡源、杜翰、焦祐瀛，且合而為八矣。以一服八，誰曰不難？乃西太后出之以祕密，行之以沉靜，成之以果毅，卒玩八人於股掌之上，或殺或逐，任所欲為，方諸呂、武，不是過也。本回純為西太后著筆，舉西太后之心術、之手段，備揭無遺。於此可以見婦人之足畏，於此可以見清室之無人。

平粵酋特頒懋賞　譴親王隱飭朝綱

卻說兩宮皇太后垂簾聽政，所有國家政務。東太后素性沉靜，不願多言；西太后仗著才能，凡召對臣工取決萬幾，統是由她作主。東太后拱手受成而已。西太后既除了載垣、端華、肅順三人，復將他平日黨羽罷黜治罪。然後下一懿旨，略謂：首惡已除，餘黨概免株連。爾大小臣工，此後宜爭自濯磨，守正不阿，毋得再蹈惡習，自取罪戾，云云。欲要守正不阿，除非請兩宮撤簾。於是王大臣及侍御等又交頌西后仁慈，不為己甚。其實與西后反對的人物，已是一掃而空了。西太后又想起圓明四春當日爭寵，早擬除滅了她。只因回鑾訓政，忙個不了，一時無暇下手。此時三凶已去，朝右肅清，便抬出「祖制」二字，說「宮內不準容留漢女」，把四春一一驅逐。又密囑寵監安得海，叫他即日發落。安太監狐假虎威，立刻到四春娘娘處宣旨攆出，並不準她攜帶對象。四春娘娘還想哀求，怎禁得安太監的凶悍，一聲吆喝，手下宮監一齊動手，把四春娘娘穿著的宮衣、戴著的宮妝，盡行脫卸，牽扯出官。可憐這四春娘娘花容狼藉，涕泗橫流，首似飛蓬，面如黃蠟，比前時圓明爭寵情景何如？令人有無限滄桑之感。出宮時尚有宮人瞧著，代為唏噓，後來竟不知下落。或說是被鴆死，或說是杖斃。當時守著祕密，不好妄測。遇著這位狠心辣手的西太后，就使殺幾個王大臣，也是沒甚納罕，何況那無權無勢的四春娘娘，到這地步還有什麼不死！不過較漢朝人彘、唐室醉嫗，稍差一點，便算是西太后的仁德。人彘醉嫗，貽痛千古，獨四春身後未聞如何死法。吾知西太后手段，且比呂、武為優。

只是西太后恰也英明，處置宮禁原是一絲不漏，對付外省也覺井井有條。聽政後，即命兩江總督曾國藩，統轄江蘇、安徽、江西三省，並及浙江全省軍務。所有四省巡撫提鎮以下，概歸節制。旋復加協辦大學士銜。又拔沈葆楨為江西巡撫，李鴻章為江蘇巡撫，左宗棠為浙江巡撫。東南一帶，長毛以次蕩平，悍酋四處縱逸，復被各省大吏搜殺擒戮，無一漏網。如太平英王陳玉成，被苗沛霖擒送勝保軍營，梟首河南；太平翼王石達開，被川邊土司擒解駱秉章軍營，正法成都；還有親王僧格林沁擒斬捻首張洛行，雲南藩司岑毓英擒斬回匪馬榮，隨處告捷，懋賞有差。到同治三年六月，曾國藩弟國荃攻克南京，閉城搜殺三日夜，屍橫遍地，血流成渠。太平酋目三千及兵十餘萬皆被戮，生擒洪仁達、李秀成等。天王洪秀全已服毒自盡，由官軍發掘，銼屍揚灰。積年巨寇，一旦掃除。只秀全子福瑱，突圍出走，尚在逃中。捷報到京，朝廷動色相慶。兩宮太后更歡慰的了不得，當用同治帝名義，下一諭旨，道：

本日據官文、曾國藩由六百里加緊紅旗告捷，克復江寧省城，逆首自焚，賊黨悉數殄滅，並生擒李秀成、洪仁達等一折，覽奏之餘，實與天下臣民同深喜悅。發逆洪秀全，自道光三十年倡亂以來，由廣西竄兩湖、三江，並分股擾及直隸、山東等省，逆蹤幾遍天下。咸豐三年，占據江寧省城，僭稱偽號。東南百姓遭其荼毒，慘不忍言。我皇考文宗顯皇帝赫然震怒，恭行天討，特命兩湖總督官文為欽差大臣，與前任湖北巡撫胡林翼，肅清楚北上游。胡林翼駐紮宿松一帶，籌辦東征事務。復特授曾國藩為兩江總督，並命為欽差大臣，東征江皖賊匪。號令既專，功績日著。十一年七月，我皇考龍馭上賓。其時江浙郡縣，半就淪陷，遺詔諄切，以未能迅殄逆氛為憾。朕以沖幼寅紹丕基，只承先烈，恭奉兩宮皇太后垂簾聽政，指示機宜。授曾國藩協辦大學士，節制四省軍務，以一事權。該大臣受任以來，即建議由上游分路勦辦。飭彭玉麟、楊嶽斌、曾國荃等水陸並進，迭克沿江城邑百餘處，斬馘外援逆匪十餘萬人，合圍江寧，斷其接濟。茲據官文、曾國藩奏克復江寧詳細情形等語，此皆仰賴昊蒼眷佑，列聖垂庥，兩宮皇太后孜孜求治，識拔人才，用能內外一心，將士用命，成此大功。上慰皇考在天之靈，下孚薄海民臣之望，自維藐躬涼德，何以堪此！追思先皇未竟之志，不克親見成功，悲愴之懷何能自已！此次洪逆倡亂粵西，於今十有五年，竊踞江寧亦十二年，蹂躪十數省，淪陷數百城，卒能次第蕩平，殄除元惡，該領兵大臣等櫛風沐雨，艱苦備嘗，允宜特沛殊恩，用酬勞勩。欽差大臣協辦大學士兩江總督曾國藩，籌策無遺，謀勇兼備，知人善任，排程得宜，著加恩賞加太子太保銜，錫封一等侯爵，世襲罔替，並賞戴雙眼花翎。浙江巡撫曾國荃，堅忍耐勞，公忠體國，著賞加太子少保銜，襲封一等伯爵，並賞戴雙眼花翎。欽此！

隨又下旨錫封有功諸臣，並頒發銀牌四百面，賞給曾營將士。一面令各路官軍搜勦長毛餘孽。長毛嗣主洪福瑱，隨著堵王黃文金出逃。先至浙江湖州府，被官軍截回，繼至安徽寧國府，又遇著官軍，沒奈何再竄至浙江淳安縣地方，巧值浙將黃少春率兵截住，殺了一陣，黃文金隕命，洪福瑱拚命逃去。隨帶酋目已寥寥無幾，潛至江西，偏被清吏席寶田聞知，發兵掩襲。可憐這日暮途窮的洪幼主逃入石城附近的荒谷中，總道山僻人稀，或可苟延殘喘，誰知席軍利害得很，窮山入谷的搜尋，不到數日已將洪福瑱生生獲住，解到南昌，由巡撫沈葆楨飛章奏聞，奉諭就地正法。長毛窮凶極惡，宜乎無後，不足為洪氏惜。太平天國遂成為過去的歷史，剪滅無遺了。

只有捻首張洛行雖已受擒，他的從子張總愚還是猖獗得很，糾合黨羽任柱、賴文洸，東馳西突，蔓延為患。捻者捏也，亡命各徒聚捏成隊，四出劫掠，故謂之捻，俗語叫他捻子。道、咸以前，就有這種捻匪，至洪楊亂起，捻匪趁勢橫行。先由給事中袁甲三等帶兵往剿，日久無功。後命親王僧格林沁繼剿，方將捻首張洛行擒住，攻破他雉河集的老巢。隨即追襲捻眾，從安徽至河南，從河南入山東，沿途屢中敵伏，喪失將士頗多。僧王大憤，恨不得滅此朝食，自率親兵數千，先大軍行。遇著捻匪，不管什麼得失，只有追殺一法。捻匪張總愚、賴文洸等，勾集黨羽數萬眾，竄跡曹州，用了四面埋伏的計策，專等僧軍到來。僧軍晝夜窮追，趕到曹西，已是人困馬乏，軍士俱望休息，偏偏僧王不肯，催趲前進。到了日暮，已入伏中，一聲炮響，前山後嶺，左澤右陂，殺出無數捻匪，把僧王困在垓心，憑你僧王勇悍過人，也是衝突不出。可見徒勇無益。被圍半夜，降卒復叛，捻匪乘時殺入，霎時間全軍覆沒，僧格林沁及總兵何建鰲、內閣學士全順皆戰死。噩耗到京，兩宮太后統是震悼得很，降旨議恤予謚，自不消說。只繼任討捻的人，朝中無一良帥，仍由西太后主張，命曾國藩督辦直隸、河南、山東三省軍務，專力討捻。兩江總督的職任，改委了李鴻章。這位老成持重的曾國藩，與僧王性情大不相同。他卻圖個萬全計策，想出一個圈地制捻的法子來。奏稱捻匪已成流寇，官兵不能與之俱流，現唯分設四鎮重兵，防剿兼施。安徽以臨淮為老營，山東以濟寧為老營，河南以周家口為老營，江蘇以徐州為老營，一處有急，三處往援，首尾相應，方可以拙補遲，徐圖功效，等語。兩宮太后覽奏也不好駁他，只得批了「準照所請」四字，由他緩緩的布置。

唯西太后聽政四年，所有夙仇報復殆盡，又把那同胞的妹子配與醇王，已經成婚，正是夙願盡償，非常欣慰。一日臨朝，部臣呈上交議案件，乃是兩廣總督毛鴻賓降級呼叫。西太后覽畢，便向東太后道：「毛鴻賓照例降級，兩廣總督的缺分，不如著吳棠去吧。」東太后尚未答言，左邊站立的一位親王已先跪奏道：「吳棠現職不過是個漕督，資格上似乎太淺呢！」西后微睜鳳目，見是恭親王奕訢，便沉著臉道：「叫他署理也屬無妨。」恭王道：「署理與實授，相去不多。」西太后不待言畢，便道：「從前粵匪擾亂，所有立功的大臣，多是不次超遷，才得他感恩知奮，成此巨績。難道這漕督吳棠獨不便升任粵督麼？」恭王道：「粵督系重要職任，吳棠資望太輕，恐怕不能服眾。奴才並非與吳棠有隙，不過蒙慈恩寵眷，曾許議政，所以不得不參一末議呢！」西太后道，「誰不知你是議政王？只用人大權究不是操在你手。我要簡任一個吳棠，你便硬要與我爭執，過此以往凡事都可由你專擅，這要用我等垂簾聽政做什麼？」一語緊似一語，西太后確是很辣。恭王聞到這語，不由得勃然怒發，竟昂頭道：「奴才自知無才，所以請兩宮太后垂簾聽政。太后既知奴才庸駑，還請賜恩撤去各差，俾奴才做個盛世散人，不勝感激！」說畢，就豎起左足，作欲立狀。這一著乃是恭王大失著。清制：遇臣工召對，不許無故起立，所以防變未然。此次恭王驟欲起立，偏被這靈心慧眼的西太后瞧入目中，立叱侍衛糾儀。侍衛奉旨入內，即將恭王引下。西太后便語東太后道：「奕訢自恃懿親，敢違祖制，若非立加懲戒，將來臣下效尤，還成什麼體統！」東太后徐答道：「懲戒他一次，也是應該的事情。」西太后即喚軍機大臣上前，隨命道：「奕訢侵朝廷大權，濫舉妄動，應褫去議政王職任，並撤去一切要差，以示懲儆。你等可擬旨下頒吧！」軍機大臣唯唯聽命。兩宮太后當即退朝。是日即頒出上諭，略如西太后言，又加上「辜恩溺職」四字。次日，即命吳棠署理兩廣總督。原來吳棠系西太后恩人，小子曾於二回中表明。咸豐時已由西太后暗中保薦，歷級上升。至垂簾聽政後，吳棠官至漕督，西太后尚以為未足，因乘粵督開缺，即將吳棠調補。恭親王未識原由，偏偏要循資任用，遂碰了一個大釘子。敘出原因，令閱者醒目。但恭王是當時第一位勛戚，忽然罷職，未免人人自危。給事中廣誠，等先後陳請，統把議親議功的典例，援引入告，懇兩宮太后開恩起復。惇親王奕諒上了一折，尤說得痛切異常，大致謂：廟堂之上，先啟猜嫌，根本之間未能和協，駭中外之觀聽，增宵旰之勤勞，云云。廣城頗有膽量。東太后覽到此折，心中有所感動，就與西太后商量，意欲把恭王開復原職。西太后未以為是，因礙於面子，不得已將惇王等折，發交王大臣復議。過了兩日，由禮親王世鐸領銜，復奏奕訢咎由自取，唯系懿親重臣，尚可酌量錄用，等語。西太后至此不能盡違眾議，因與東太后聯名下旨，冠以上諭，道：

朕奉慈安皇太后、慈禧皇太后懿旨，恭親王誼屬懿親，職兼輔弼，在諸王中倚任最隆，恩眷最渥，特因其信任親戚，不能破除情面，平時於內廷召對，多有不檢之處；朝廷杜漸防微，若復隱忍含容，恐因小節之不慎，致誤軍國重事，所關實非淺鮮。且歷觀史冊所載，往往親貴重臣有因遇事優容，不加責備，率至驕盈矜誇，鮮克有終者，可為前鑒。日前將恭親王過失嚴旨宣示，原冀其經此次懲儆之後，自必痛自斂抑，不至再蹈愆尤。此正小懲大戒，曲為保全之意。如果稍有猜嫌，則惇親王等折均可留中，又何必交廷臣會議耶！茲覽王公大學士等所奏，僉以恭親王咎雖自取，尚可錄用，與朝廷之意正相吻合。既明白宣示，恭親王著即加恩，仍在內廷行走，並仍管理總理各國事務。此後唯當益矢慎勤，力圖報稱，用副訓誨成全至意。欽此！

這旨一下，恭親王奕訢免不得入朝謝恩。各親王等又勸恭親王卑以自牧，不應倚老賣老。恭親王也覺自悔。在人簷下過，不敢不低頭。無非熱中而已。既奉了諭旨，當即於次日入朝，伏地痛哭，深自引咎。這副急淚從何處得來！兩宮太后許其自新，便命退朝。復頒一上諭，道：

朕奉慈安皇太后、慈禧皇太后懿旨，本日恭親王因謝恩召見，伏地痛哭，無以自容。當經面加訓誡，該王深自引咎，頗知愧悔，衷懷良用惻然。自垂簾以來，恭親王在軍機處議政已曆數年，受恩既渥，委任亦專，其與朝廷休戚相關，非在廷諸臣可比。特因位高速謗，稍不自檢即蹈愆尤。所期望於該王者甚厚，斯責備該王者不得不嚴。今恭親王既能領悟此意，改過自新，朝廷於內外臣工，用舍進退，本皆廓然大公，毫無成見，況恭親王為親信重臣，才堪佐理，朝廷相待，豈肯初終易轍，轉令其自耽安逸耶！恭親王著仍在軍機大臣上行走，毋庸復議政名目，以示裁抑。其勿忘此日愧悔之心，益矢靖共，力圖報稱；仍不得意存疑畏，稍涉推諉，以副厚望。欽此！

恭親王經此挫折，遂不敢與西太后反抗。辦理一切政務，自然奉命唯謹。一個謇謇諤諤的王公，化作唯唯諾諾的奴才了。也被西太后扳倒。是年秋間，舉行文宗葬禮，以孝德皇后從葬。孝德皇后就是文宗的元妃薩克達氏。文宗未即位時，元妃已薨，此次同葬定陵。所有典禮均由恭王奕訢承辦。且因軍務浩繁，籌款維艱，由恭王發起捐俸助集葬費。凡內務府及各部官員，無不孝敬捐納，遂得湊成鉅款。臨葬時，輼輬首轍，輦輅盈途。兩宮太后及幼帝以下，一律從行。至定陵，禮官讀祝，喇嘛唪經，然後將皇棺告窆，置金圭、玉笏、珠串等於棺上，其餘一切珍寶陳設，一一安置陵內，乃封門。既返，復由兩宮太后下諭，嘉獎恭王，說他盡敬盡誠，有條有理。從前譴責的諭旨，著毋庸編入起居注，以示眷念勛勞，保全令名至意。於是恭王復漸得寵眷，所失權柄依次恢復。為下文謀去安得海伏線。這是後話慢提。

轉瞬間已是同治五年。元旦慶賀，循行大典，連線數日筵宴。正是醉賞昇平，一派中興氣象。句中有刺。西太后最愛聽戲，飭安總監得海，傳入有名戲子，在宮中演了好幾天。戲裝不甚華美，竟將庫中所存的貢緞裁作戲衣。每演一日，賞費至千金。這個訊息傳入御史耳中，免不得有幾個忠臣硬來出頭，奏摺中不敢指斥太后，只好參劾太監。西太后以帝名批答，略說：所奏甚是。本朝從不許太監預政，並不許其乘間進言。二百餘年，綱紀明肅。自兩宮皇太后垂簾聽政以來，恪遵家法，從不許太監稍有干政之端。如太監中有肆其狐媚之術，巧為嘗試者，須立即懲治不貸。批語似甚詳切，其實統是紙上畫刀，無關痛癢。安太監的權勢日盛一日，宮中稱他小安子。除兩宮太后外，要算小安子說話最靈，沒一個敢違拗他。西太后因他侍奉有功，更兼人物漂亮，異常寵幸。有時竟把御用的龍衣及玉如意賞給與他。龍衣可賜，如意可給，西太后之情不言而喻。小子曾有俚句一首，道：

到底中官是禍胎，興衰莫謂數應該。
慈禧雖是英明甚，煬蔽都從嗜好來。

欲知後事如何，且至下回再敘。

粵寇之平，全賴曾國藩。西太后特別重任，不可謂非慧鑒。厥後肅清捻眾，雖非曾氏所手定，然其圈地制捻之策，實足制捻眾之死命，李鴻章遵其遺算，卒以平捻，故謂其功由曾氏，未始不可。即謂曾氏之功，由西太后造成之，亦無不可也。至於恭王被譴，因升遷吳棠而致。西太后為酬恩故，不惜去一勛戚，未免以私害公，不知此正所以見西太后之才，玩一親王於股掌之上，譴責之，以示威，開復之，以示恩。能使王公大臣以下敬畏有加，何其善於操縱也。且升任吳棠以報德，亦無非西太后厚處，不足為病。至寵幸小安子，而驕侈之心始漸萌矣！閱者於夾縫中求之，自有分曉。

奉密旨權閹出都　驚耗問慈闈肇釁

卻說西太后重任曾國藩，令他督師剿捻。自同治四年夏季起，至五年秋季，相距一年有餘，捻眾馳突如故。國藩沿運河築牆，為圈捻計。捻酋張總愚、任柱、賴文洸等，分路衝突，竟把防牆毀去，由山東竄河南。臺官以國藩師久無功，交章彈劾。國藩本是個憂讒畏譏的人物，遂上疏告病。自稱精力已衰，不堪任重，願即降為散員，留營效力。兩宮太后先尚慰留，經國藩再三固請，乃令他推賢自代。想都是西太后主張。國藩遂疏薦李鴻章視師徐州，並薦他胞弟曾國荃由湖北巡撫任內，移駐襄陽。奉旨準奏，唯仍令國藩回督兩江，籌濟餉械。國藩固辭不獲，方返至江寧，與李鴻章替換職任。鴻章接著辦捻。蕭規曹隨，仍用曾國藩的老法兒，隨堵隨剿。捻酋任柱、賴文洸竄逐東方，叫做東捻；張總愚擁眾而行，叫做西捻。鴻章督師河南，先將東捻驅至山東，圈入膠州、萊州間，四面聚攻，任、賴二酋恰也狡猾得很，竟被免脫。只是勢焰已衰，部眾零落。任柱走至日照縣，被官軍大殺一陣，身中槍傷，其下潘貴升，生了異心，刺殺任柱，函首乞降。賴文洸南走揚州，也被官軍前後夾攻，束手成擒。眼見得東捻告平，紅旗報捷了。李鴻章以下諸將，俱受厚賚；連曾國藩也升任體仁閣大學士，賞加一等雲騎尉世職。大眾無不喜悅，爭頌兩太后鴻恩。西太后實居大半。

獨西捻張總愚，甚是猖獗。既竄入陝西，復自陝西入山西、直隸，直逼畿南。是時陝甘總督左宗棠，正尾追西捻，入直隸境。朝旨遂命他總統直隸諸軍；又命李鴻章馳軍會剿；京畿一帶由恭親王奕訢，會同神機營王大臣設防。恭王奏飭諸帥一月平捻。期滿，捻尚未平，左、李俱受譴。李鴻章復建蹙捻海東之計，迫張總愚於茌平，圈入黃河、運河間。總愚進退無路，投水死。西捻又平，免不得又有一番懋賞。恭親王奕訢，暨文祥、寶鋆、沈桂芬諸軍機大臣，均因讚賞出力，得邀特賞；李鴻章升任協辦大學士；左宗棠亦得加賞世職。自兩宮太后訓政以來，至此七年，把連年擾亂的發、捻一併蕩平。東太后固是喜慰，西太后尤覺愉快。內外諸臣工，統曉得朝廷行政全由西太后主持，越發歌頌不止了。好算得福如東海。只陝甘尚有回匪蠢動，未盡告靖。左宗棠乘便入覲，召對時，由西太后殷殷垂詢，宗棠奏稱限期五年，定可報績。西太后商諸東太后，命他即日去陝。宗棠受命，風馳電掣而去。是冬左宗棠即收服回匪董福祥，越年春，又大破回酋白彥虎，逐出陝境，進軍甘肅，露布日馳。

西太后因諸事順手，朝政清閒，免不得居安思逸，因樂尋歡。這個小安子希旨承顏，素知西太后最愛戲劇，索性就西苑中造了一座戲園，招集梨園子弟，整日演戲。西太后看到出神，有時也扮著戲裝，閒遊消遣。徐娘半老，豐韻猶存，彷彿是月裡素娥，圖中大士。寓貶於褒。小安子日夕隨著，寸步不離。豈亦張昌宗、張易之之流亞耶？語中用日夕二字，得毋唐突西施！此時同治帝年已成童，頗喜冶遊。雖有倭仁、徐桐、李鴻藻等，在弘德殿授讀，究竟教授皇帝不比那民間私塾，可以任情威嚇，鞭詈交施，所以，這位同治帝每日讀書聽講，不過兩三時間。除此以外，常與那親王子弟擊球蹴踘，或令隨身太監導遊都市，微服往來。小安子常密報西太后。西太后愛子情深，總不免多言勸導。同治帝聽得不耐煩，當面不好違忤母后，暗中恰深恨小安子。平時嘗取一泥人，用小刀斫斷首級，並怒指道：「你還敢搖唇鼓舌，播弄是非麼？」皇帝固不宜微行，只小安子何不當面諫阻？偏要密報西太后。這便是大奸似忠，大詐似信。旁侍的小太監尚未明同治帝的意思。只恭王兒子載澄，與同治帝最是莫逆，因此傳將出來，方曉得他懷恨在心，乃有這般舉動。

偏這小安子巴結宮闈，嘗語西太后道：「皇帝聖齡漸長，聰明的了不得。現聞性愛微行，都城中有花有酒，易動聖心，不如趕辦大婚，防微杜漸為是。」西太后道：「我也這般想，但急切無此淑女，頗費躊躇。」小安子道：「員外郎鳳秀有一女兒，聽說德容俱備，若選立中宮，定能母儀天下。」想是暗得賄託。西太后道：「年齡如何？」小安子道：「比皇上約差一二歲。」西太后道：「且與東太后商議，再作計較。」小安子道：「民間婚嫁也須先時籌備，況皇上大婚，理應於數年前籌辦起來。如督制龍衣，採織緞匹等事，均應提早趕辦。」西太后道：「近來蘇杭兩處的織造，統是照例敷衍，所進呈的衣服，並沒有什麼出色。」厭故喜新。小安子忙介面道：「聞得粵東繡工異常精緻，何不派人採辦？」西太后道：「派誰去？」正要你說此語。小安子道：「總要派一個精細的人去幹這事，方能配合身材，適中程度。不但皇上大婚的龍衣要特別仔細，就是太后平日服用亦須精辦幾件方好。」西太后素愛時裝，聽著這語，愈覺中意。便道：「派別人去恐沒一人像你精細，派你去又是不便，奈何！」要西太后自己道出，小安子真乖刁。小安子道：「奴才雖是粗魯，此事還能辨得。未知何故不便？」西太后道：「你不聞本朝祖制麼？祖制是宮監不得離都。」小安子道：「太后便是老祖宗，要怎麼辦便怎麼辦。若事事受著牽制，還辦得什麼事情？」這句話若從別人道出，定要受西太后嚴斥，獨小安子說一是一，說二是二。西太后偏與他有緣，竟慨然俯允說：「你要去也是不妨，唯須祕密才是，休得沿途囉唆。」這是受激而來，不要看作俯允。小安子忙跪倒謝恩。西太后又囑咐他快去快來，小安子連聲遵旨。拜辭太后，即日整裝出宮。

都門裡面尚守著西太后的密諭，不敢聲揚，一出都便是天高皇帝遠，由他作福作威。他乘著兩艘太平船，船上懸著大旗，中繪一日，日中又繪著三足烏。何不繪獨角獸！兩旁列著許多旗幟，不是畫龍，就是畫鳳。船內隨從多人，一半是妙年的妖童，一半是絕色的少女。既是太監，需此何為？調絲品竹，音韻悠揚，所過地方，兩岸觀者如堵。地方官差人探問，答稱奉旨南下，督織龍衣。看官，你想這位聲勢煊赫的安欽差，那個不前來趨奉呢？小安子不待勒索，已是金帛滿前，腰纏十萬。好一個美差。自直隸至山東，正是新秋時候，天高氣爽，水淨山明。小安子騁目舒懷，特別高興。到了七月廿一日，適值小安子生日，在船中大開筵宴。上座設著西太后所賜的龍衣，闔舟男女依次拜祝。要拜死了。拜畢，小安子高踞上座，左男右女，侍坐承歡，玉軟香溫，紙醉金迷，足足的樂了一整日，方才撤餚。

一帆風順，又隔數天，這日到了泰安縣地方。夕陽在山，方擬停泊，忽後面來了好幾隻快船，船頭立著一個軍裝打扮的武官，高聲喝道：「前面是否安欽差的坐船？」這邊水手即叱道：「不是安大人坐船，是那一個！你們大驚小怪做什麼？」語未畢，但聽武官答道：「既是安欽差，有事要見。」水手不知他是什麼來頭，還想呵叱，乃船內小安子，已經聽見，便道：「外面何故喧譁？」當由侍從查明，據實回報。小安子暗想道：「難道此處地方官送贐儀來麼？」休再妄想。便道：「船且少住，容他進來。」不一時，那武官帶領兵弁數十名入艙，向著小安子拱手道：「你就是安欽差麼？」小安子不禁發怒道：「何物武夫，毫不知禮！」武官道：「我是山東總兵王正廷，奉撫憲命邀你同去。」小安子益怒道：「什麼撫憲不撫憲，就是當今皇上也不好得罪我們。你去回報你混帳的撫憲，要老子去，除非奉皇太后的特旨！」王正廷正色道：「正是奉旨到此！」小安子道：「放屁，我們奉懿旨南下，與你撫憲何涉？」王正廷道：「你到了撫憲處，自能分曉。」小安子道：「我們不去，你敢如何？」王正廷道：「你不去，休怪得罪。」便命兵弁將安監侍從拿下。小安子道：「你拿我們船內人一個，將來拿你們一百個！」兵弁聽他大言，一時恰不敢動手。惱得王正廷雙眉倒豎，怒目圓睜，厲聲道：「撫憲奉有密旨，你等畏懼何為！」兵弁見總兵動惱，方仗著膽，將安監侍從反剪起來。舟中人雖不少，究竟文不敵武，除若干歌女外，統被捆縛停當。大約這位王總兵亦好女色耳，不然何以另眼相待耶！隨喝令水手們，向濟南出發。水手仰著軍威，自然不敢違拗。條硬條軟，便見炎涼世態。不到幾日，便至濟南。小安子在途中還是亂吵亂罵，王正廷絕不理他。等到舟已泊岸，令兵弁牽率男女人等，一齊登陸。然後向小安子道：「安大人安欽差，你也鬧得夠了，我與你同見撫憲去。」說時遲，那時快，已一手將小安子扯出艙外，登了岸，踉踉蹌蹌的走到撫轅。即令兵弁管著，飛步而入。小安子被他扯得頭腦發昏，才定了一回神，見王正廷又出來，帶他上堂。小安子身不由主，只得隨他進去。一入儀門便見兩旁列著許多官吏，又有堆赳赳的一班兵隊，上面坐著一位冠冕堂皇、鐵面無私的山東撫臺丁寶楨。小安子毫不在意，慢騰騰的走至案前，朗聲道：「丁撫臺你出丁撫臺名，特別鄭重。何故勞動我們？」丁寶楨喝道：「你是太監安得海，為什麼擅自出都？」小安子聽到擅字，便冷笑道：「你說我們擅自出都，你為何擅做撫臺，你莫非做夢不成！」丁寶楨說：「胡說！太監不準出都，乃本朝列祖列宗的成制，你敢違背麼？」小安子嗤鼻道：「你去問皇太后來。」丁寶楨道：「我早已奏聞朝廷了，朝旨令將你就地正法！」小安子聞言，也不覺股慄起來，便道：「你敢是弄錯了？」丁寶楨道：「我不與你多爭，你且跪聽聖旨！」言罷隨即離座，令巡捕官向北設案，自己踱至案旁，飭小安子跪聽聖旨。小安子不得已跪下，然後由丁撫宣詔道：

安太監擅自遠出，並有種種不法情事，若不從嚴懲辦，何以肅宮禁而儆效尤！著東南各省督撫，迅速派委幹員，於所屬地方，將六品藍翎安姓太監嚴密查拿，令隨從人等指證確實，不準任其狡飾。毋庸審訊，即行就地正法。倘有疏縱，唯該督撫等是問！其隨從人等，有跡近匪類者，並著嚴拿，分別懲辦，毋庸再行請旨。將此由六百里，各密諭知之。欽此！

讀畢，便囑王命司及巡捕官捆縛欽犯，推出正法。這時候的小安子，方才著急，淚下兩行，籲求丁撫道：「這是皇上旨意，並不是皇太后旨意。皇上與安某原是死對頭，現請你老人家飛奏太后，太后如不赦，安某願受死罪。」丁寶楨道：「朝命毋庸審訊，即行就地正法，還要復奏何為？」小安子還是丁撫臺、丁大人的哀求，遲了。怎奈丁寶楨毫不徇情，立命綁出。轅門號炮一聲，小安子的吃飯傢伙已應刃而落。其餘一干人犯，暫羈獄中，候再奏請定奪。

看官，這小安子是受西太后差遣南下辦公，所以有這般烜赫，為何山東巡撫丁寶楨敢令王總兵拿捕，一到撫轅即請出王命，把他梟首呢？說來話長，小子不得不略敘原委。原來小安子南下，東太后及同治帝並未與聞。首先奏報的，就是東撫丁寶楨。巧值西太后小疾，只東太后一人臨朝，覽了奏，便遞與恭親王奕訢。奕訢瞧罷，即奏道：「安姓太監是那一個？莫非就是安得海？」此時同治帝正在寶座，就隨口答道：「想總是安得海，朕有好幾日不見他了。」奕訢道：「安得海何故南下？」東太后答稱未知。同治帝也這般說。奕訢遲疑一會，想亦有些瞧科。隨奏道：「安得海擅自出都，顯系違背祖制，應該嚴懲。」又要與西太后反對。同治帝道：「嚴懲還是不夠，可飭東撫就地正法。」也是借公濟私。奕訢當即贊成。東太后道：「此事還須通知慈禧太后。」同治帝道：「母后違和，不必稟報。安監違背祖制，咎有應得，立殺無赦。皇叔就飭軍機擬旨吧！」言畢退朝，奕訢遵旨而出，就命軍機處擬定上諭，火速頒發。丁寶楨果斷有為，即照旨施行。到了安監伏法，復旨到京，西太后尚睡在夢裡。又由東太后及同治帝作主，令將隨從太監陳玉麟、李平安等，一併絞決，餘犯分別懲辦。丁撫復如命定罪，除陳、李等處絞外，男犯多半充戍，女犯多半釋放。又是女子有幸。這案已了，又下一道嚴飭宮監的諭旨，其文云：

本月初三日，丁寶楨奏，據德州知州趙新稟稱：有安姓太監乘坐大船，捏稱欽差，織辦龍衣。船旁插有龍鳳旗幟，攜帶男女多人，沿途招搖煽惑，居民驚駭等情。當經諭令直隸、山東、江蘇各督撫派員查拿，即行正法。茲據丁寶楨奏，已於泰安縣地方將該犯安得海拿獲，遵旨正法，其隨從人等，亦已諭令丁寶楨，分別嚴行懲辦。我朝家法相承，整飭宦寺，有犯必懲，綱紀至嚴。每遇有在外招搖生事者，無不立治其罪。乃該太監安得海，竟敢如此膽大妄為，種種不法，實屬罪有應得。經此次嚴懲後，各太監自當益知儆懼。仍著總管內務府大臣，嚴飭總管太監等，嗣後務將所管太監，嚴加約束，俾各勤慎當差。如有不安本分，出外滋事者，除將本犯照例治罪外，定將該管太監一併懲辦。並通飭直省各督撫，嚴飭所屬，遇有太監冒稱奉差等事，無論已未犯法，立即鎖拿，奏明懲治，毋稍寬縱。欽此！

為這一詔又惹出一個小安子第二來。看官道是誰人？就是後來赫赫有名的李蓮英。死了一個，又出一個，清宮可謂有人。蓮英自十六歲入宮，人極秀媚，態度不亞小安子，宮中號他皮硝李。西太后亦甚愛寵。不過小安子資格較高一籌，因此安為總管，李居雜湊。安太監被殺，蓮英亦已聞知，心中恰極喜慰，暗想總管一缺，小安子外，捨我其誰！瑜、亮原不能並生。只恐西太后多心，若聞風即報，轉疑是從旁欣幸，所以隱忍不言。及上諭嚴飭宮監，未免動了一片兔死狐悲的念頭，隨即報知西太后。西太后病正告痊，陡聞此耗，不覺花容慘淡，含淚盈眶。所為何來？便問蓮英道：「這事是何人主張？」蓮英道：「想總是東太后的意思。」西太后道：「東太后素性和平，斷不出此。必是有人從中播弄。」蓮英道：「這也難料。」西太后突然起立道：「隨我來。」蓮英遵著隨去。出門數步，便至東太后宮中，不待太監報聞，就大著步進去。東太后驀見西太后到來，忙起身相迎，敘過寒暄，兩下分坐。東太后賀他病痊，西太后道：「仰託洪福，只今日得一新聞，不知真否，特來請教！」東太后忙問何事？西太后道：「便是安得海南下，聞被東撫丁寶楨拿斬，這事可確麼？」東太后道：「事是有的。」西太后蹙著眉道：「如何我全未得知？」東太后道：「正因貴體違和，所以不及商議。」西太后道：「安監出都，未始無罪。但立即斬決，也未免處罰太重了？」東太后道：「恭王奕訢說是顯背祖訓，不便輕恕，所以命東撫就地正法。」全推在恭王身上，可見東太后畏事。西太后柳眉直豎，道：「奕訢麼，他又來干預賞罰，太沒臣節。難道國家大政都好由他專擅麼？」東太后道：「皇兒也說是可殺呢。」又推到同治帝身上去，東太后何其支吾。西太后道：「童稚無知，奈何信他？」東太后默然不答。還是李蓮英從旁解圍道：「安總管也太招搖，聞他出都南下，旌旗耀日，男女盈舟，沿途盛索供張，因此惹人屬目，鬧出這樁案情。」西太后瞧了蓮英一瞧，便悻悻告別。既回宮，叱蓮英道：「你們統是一鼻孔出氣。」蓮英忙跪下道：「奴才並不與安總管有隙，只安總管敢違慈訓，亦覺不情。外人未明底細，或疑是慈躬縱庇，反累聖德，豈不是紅日掩明麼！」西太后冷笑道：「你算為我分謗麼？」蓮英連忙磕頭。好一種做作。西太后道：「起來。」蓮英方謝恩而起。

西太后命召同治帝。同治帝方在乾清宮唱戲，形容得意。見蓮英奉旨宣召，隨即至西太后處。請過慈安，西太后怒目道：「你瞞得我好！」同治帝摸不到頭腦，便答道：「臣兒並沒有什麼隱瞞，何事觸動慈怒？」西太后道：「你為何擅殺安得海？」同治帝笑吟吟道：「安得海是東撫殺的，不是臣兒殺的。」倒也會辯。西太后道：「東撫何敢擅自殺人。你不分皂白，竟傳命出去，叫他殺卻。你既有這般能耐，何庸我等垂簾聽政！」同治帝仍嬉笑道：「宮監甚多，死了一個安得海，也沒甚要緊。」語帶雙敲，看似稚語，與西太后頗有關係。西太后益怒道：「你是讀過四子書的，你不聞殺一不辜，而得天下，聖者不為麼？」同治帝又道：「安得海違背祖制，僭擬無度，明明有辜，殺之正當，聖母何必憐惜？」西太后道：「你何故瞞我？」同治帝道：「適因聖母染恙，恐致觸怒，所以不敢稟白。」西太后以手指同治帝道：「數日不教訓你，你敢跟我鬥嘴。捶你數下方好哩！」無語可說，只得擺出母后架子。同治帝急忙倒退，蓮英又從旁婉勸，且對著同治帝，以目視地。同治帝喻意謝罪。面面顧到，正會趨承。西太后道：「滾出去吧！」同治帝如逢恩赦，轉身急走，掉臂而去了。蓮英復替西太后捶背，西太后尚恨恨不絕。次日昇殿，嚴責恭親王奕訢，並有如此專擅，應革職黜爵等語。奕訢又嚇了一身冷汗，退朝回邸，忙與大公主商量。有分教：

懿旨重申幾落職，佳人一語竟迴天。

未知大公主為誰，容待下回說明。

孰殺安太監？西太后殺之也。西太后為嬖倖故，竟從安太監之請，密令出都。試思安太監之有此請者胡為？其有不沿途招搖，任情勒索乎？一遇剛正無私之丁寶楨，有磨刀一試而已。故吾謂殺安太監者，非他，西太后也。雖然此其間，亦有天焉，天嫉閹寺之弄權，偏使丁撫舉發在西太后小病之時。否則西太后必特旨恩赦，有雖欲殺之而不能者。天假手於丁撫，令殺安太監，而又藉以儆西太后。西太后不悟，徒啣恨他人，又用李蓮英以代之，於是天怒速，而清祚將傾矣。本回寓意，是敘西太后明昧之轉關，至貶刺安監，褒揚丁撫處，猶為襯筆。

冊立中宮大婚成禮　詔諭親政母后撤簾

卻說恭親王回邸，與大公主密商。這大公主乃是恭王的女兒。為何得稱公主？因她系咸豐帝所鍾愛，至咸豐帝崩，西太后竟認為義女，封她為榮壽公主，宮中遂以大公主稱之。大公主頗得西太后歡心，所以恭王令她入官，挽回慈眷。大公主奉了父命，即於是日謁見西太后。恭王眼巴巴的等待迴音，至晚方見大公主回來。忙問西太后旨意如何？大公主答言不妨，已經籲恩寬免了。於大公主入宮乞恩處，恰從虛寫，以免重複。恭王才把一日的憂慮，到此放寬。

話分兩頭，且說西太后失了小安子，懊悵了好幾日。幸虧李蓮英秀慧過人，好作小安子替身。小安子會幹的事情，李蓮英無一不能，且有特別技藝，高出小安子。遂益蒙慈眷，擢為總管。這位置想到手了。看官，你道蓮英有何妙技？他有兩種手術。

一種是善能撫摩，西太后平居稍有不適，經蓮英捶敲一番，便覺身體安泰，魂夢俱恬。一種是獨工梳妝。西太后豐容盛鬋，天生成一頭美髮，鬒黑可鑑，如烏雲相似。平時飭宮女梳髻，嘗牽掣致痛，有時或掠斷數莖；獨經蓮英手，毫無此患。且髻中梳髻，平分兩把，謂之叉子頭。垂後的餘發，叫做燕尾。蓮英為西太后梳成新式，較往時髻樣尤高，髻雲上擁，鬟鳳低垂，越顯出幾分嫵媚。因此，西太后越加垂愛，所有言談多半聽信。不脫女流習慣，遂令狡豎復乘。僵桃代李，情過境遷，把記念小安子的思想漸漸撇在腦後。

嗣時左宗棠進討甘回，岑毓英窮剿滇回，次第得手，陸續奏聞。只天津百姓，鬧了一場教案，毆斃法國領事豐大業，並有好幾個天主教堂亦被毀去。法人鼓輪到津，聲勢洶洶，硬要府縣官抵命，險些兒又開戰釁。虧得曾國藩、李鴻章等一面設防，一面議款，費了無數週折，總算把教案了結。究竟是中國官民晦氣，殺了一個法領事，償抵他民命十五條，知府張光藻、知縣劉傑也革職充戍。還要給他撫卹銀兩若干，法人始滿欲而退。曾、李兩大員，因外國日強，中國日弱，早已奏請創辦新政，練習洋務。兩宮太后頗也採用幾條。北京立同文館，江南設製造局，福建置船政局，遣同知容閎出洋採辦機器，派欽差大臣志剛、孫家穀偕美人蒲安臣赴美，商訂互派領事，優待遊歷等約，又命直隸、江寧兩總督分充北洋、南洋大臣。看似新機勃發，政局昌明，其實是徒襲皮毛，未得精髓，羊質虎形，濟什麼事？中國至今猶且如此，無怪當年。況且大學士倭仁、御史張盛藻等，統是頑固老朽，平時守著用夏變夷的古訓，把新政新學批駁得一錢不值，彼要奏阻，此要撤銷，暗中作梗，謠諑紛騰，就使有銳意求新的大人物，也惹得心懶意灰。西太后雖然剛斷，意中恰也狐疑。只因曾、李是中興名臣，也只好勉從一二，粉飾局面。否則後來拳匪何至擾亂？

悠悠忽忽又是一兩年，同治帝已是十七歲了。西太后想起大婚典禮籌備有年，乘此時光，正應趕緊舉行。隨與東太后商議，並提起鳳秀的女兒。先入為主。東太后道：「鳳女也好。但聞得崇綺有個女兒，賢明婉淑，頗與皇兒相配。且崇綺曾中狀元，乃是本朝罕有的盛事。國初時候，滿、漢分榜，只有旗人麻勒吉，得賜狀頭。至滿、漢同榜後，崇綺算是第一個發跡。若選他女兒為後，豈不是特別喜慶麼？」西太后躊躇半晌，方說道：「恐怕年齡太大些，聞崇女現年已十九了。」原來你亦知道了。東太后道：「比皇兒只差兩歲，也不算什麼年長。鳳女的年齡是否與皇兒相當？」西太后道：「論起年紀來，鳳女尚只十四，但德性恰是很好哩。此外還有前任都統賽尚阿的女兒，舊任知府崇齡的女兒，才貌統是過得去，前已各派宮眷驗視過了。」又見西太后早有成心。東太后道：「且去召皇兒進來，令他參酌何如？」西太后道：「這也不妨。」便飭宮監召皇上入見。不一時，同治帝已到。謁過兩太后。西太后道：「我兩人與你擇後，你喜歡年輕的，抑年長的？」同治帝不禁靦腆起來，呆立一旁。東太后道：「得一賢后，也是要緊，但說何妨？」同治帝道：「這憑聖母定奪。」西太后就把上文所敘的四女，略述一遍，並說鳳女年紀雖輕，恰是賢慧得很。東太后又插口道：「我是主張年長的。年長的女子，究竟多些閱歷。」同治帝即答道：「崇女年紀最長，應較合選。」東太后便笑道：「你倒也這般說麼！」西太后暗暗納悶，面上隱露不悅狀。東太后瞧著道：「且與恭王奕訢商議，再作計較。」到了恭王入見，也以立長為是。西太后不便違眾，只得選立崇女為後。已伏嘉順不終案。命欽天監挑選擇吉期，定於同治十一年九月舉行大婚典禮。

即於同治十一年春間，預降懿旨：選翰林院侍講崇綺女阿魯特氏為後。所有納採大徵，及一切事宜，昔派恭親王奕訢，戶部尚書寶鋆，會同各該衙門詳核典章，敬謹辦理，等語。詔甫下，兩江總督曾國藩由江寧藩司奏報出缺。兩宮太后很是痛悼，輟朝三日，賜恤特優。轉眼間，暑往寒來，大婚期邇。先期備行六禮，加恩封崇綺為三等承恩公，崇妻瓜爾佳氏為一品夫人。至九月十二日，遣官祭告天地宗廟。越日，同治帝御太和殿，遣惇親王奕誴為正使，貝勒奕劻為副使，特奉皇后冊寶，詣承恩公崇綺第，冊封崇女阿魯特氏為皇后。又因西太后屬意鳳女，由恭王奕訢先日調停，冊封為妃。另命大學士文祥，及禮部尚書靈桂，齎冊印至員外郎鳳秀第，封鳳女富察氏為慧妃。是夕，即命惇親王奕誴，及貝子載容，行奉迎皇后禮。前導的是太和殿侍衛，後隨的是坤寧宮彩娥，還有無數宮監，擁著一乘全頂金黃蟠龍繡鳳的寶輿，所有儀仗，目不勝睹，筆不勝述。與第七回貴妃歸省敘筆不同，前文詳敘儀仗，本文詳述侍從，以免重複。一片笙簫鼓樂的聲音，環繞皇城，真個是世上罕聞，人間少有。偏偏天公不做美，疾風淒雨，徹夜飄零，把這般普天同慶的大喜事，未免減色三分。預兆不祥。奕、載兩使，既至承恩公第，遵著儀注，恭迎鳳駕。承恩公崇綺，先令女兒拜辭祖廟，然後導引登輿。仙樂三宣，香菸四裊，但見這位花團錦簇，珠圍翠繞的皇后娘娘，由宮女等擁入輿中，隨即啟行。不多時已入宮門，至玉階降輿，這時候百官鵠立，群從雁排。數位懿親勛戚，奉著這位富貴風流、蘊藉秀逸的少年天子出來。為同治帝寫照，恰合身分。登了寶座，宣皇后入殿，面北而立。那時闔廷王大臣都潛窺皇后芳容：面如滿月，眉似春山，鳳目輕盈，龍準圓潤，珠光映鬢，黑白愈明，梨頰嬌姿，丹青難繪；增之則太長，減之則太短，娉婷絕俗，舉止大方；彷彿是天女下凡，嫦娥再世。各人都暗暗喝采。正凝視間，但聽禮部尚書靈桂手捧金冊，朗讀冊文，由皇后俯伏帝前，靜聽玉旨。至冊文讀畢，方嬌滴滴微露清聲，說是臣妾阿魯特氏謝恩。禮部復宣詔令起，恭奉皇后印綬，交與坤寧宮總管，再由總管授與宮眷，佩著皇后身上。皇后再跪地謝恩畢，同治帝退入坤寧官，皇后亦徐徐隨至。頓時鐘鼓齊鳴，琵琴迭奏，宮中行起合巹禮來。皇后奉觴，皇帝賜醆，醉勸醍醐之酒，春融琥珀之杯。既而帝卸龍袍，後弛象服，金缸影裡，淺逗雙蛾，絳蠟臺前，斜傾四目。撤龍鳳帳，展翡翠衾，安樂窩迴避閒人，溫柔鄉試嘗滋味，一宵恩愛，莫可言喻。次日黎明，帝后俱早起，帝率後詣壽皇殿行禮，又至兩宮皇太后前行禮，禮畢，帝復御乾清宮。適慧妃亦已送至，由後帶領朝賀。賀訖，帝臨朝受王大臣朝賀，後返坤寧宮。慧妃以下亦請後正位，向後朝賀。越三日慧妃當夕，又是一番佳趣，說不盡的綢繆。此處不多填豔詞，恰是詳略得宜。

唯這皇后德性貞淑，人品端莊，在兩宮太后前，盥饋醴饗一切如儀。東太后頗愛她端方，西太后偏嫌她率直。兩姑之間難為婦。況這西太后預有成心，偏憎偏愛，就使皇后如何承順，總不能邀她歡愉，處處為下文伏筆。只面上強作喜容。宮中一切料理多由西太后專主，足足忙了十多天，於是恭上兩宮皇太后徽號，東太后加了端裕二字，西太后加了端佑二字。喜氣重重，宮廷內外，無不歡躍稱慶。西太后踵事增華，多多益善，索性將賽尚阿女阿魯特氏，崇齡女赫舍哩氏，也替同治帝納入宮中。賽女受封珣嬪，崇女受封瑜嬪，想都是孤鸞命。女三成粲，合後為四，那時少年天子花朝擁，月夜偎，占盡人間豔福，真個是帝德乾坤大，皇恩雨露深。這兩語，用在此處範圍最合。西太后暗裡調查，將同治帝待遇后妃情形，常令宮監密報。煞是多事。過了數月，聞同治帝的恩愛多眷注在皇后身上，其他妃嬪三人，雖然不甚冷落，總覺厚薄懸殊。西太后大為不悅。遇同治帝請安時，面諭道：「中宮不應過戀，我看她禮節疏略，福氣淡薄，不如慧妃諸人，較為婉淑哩！」福氣淡薄四字品評，恰是不錯。同治帝勉強應命，暗想母后如何令我疏淡中宮，真正不解？嗣後輾轉思維，方悟道：「是了，是了！偏不明說，語有含蓄。母后未免多心，我恰偏越要加愛哩。」自此與皇后益增繾綣。枕邊衾裡免不得漏洩慈言，惹得皇后珠淚雙垂，哽咽不已。同治帝頗解溫存，極力勸慰。皇后又感又恨，感著的是同治帝，恨著的是西太后。伉儷之情益篤，姑婦之隙愈深。

東太后莫名其妙，偏又生了歸政的念頭，與西太后熟商。西太后道：「恐怕皇帝年輕，未能親政，如何？」東太后道：「人的智識也要從磨練得來，有經驗乃有識見。若長令置身閒散，恐一年一年的蹉跎過去，到了壯歲，還同傀儡相似。這也不可不防。」恰是至言。西太后道：「經驗原不可少的。但國家政務，上關宗社，下系民生，倘被他年少無知，鬧出什麼禍亂來，如何是好？」東太后道：「皇帝雖尚少年，究竟不是什麼小孩子。尋常人家為兒授室，做翁姑的也要把家事交代，何況我皇帝家呢！俗語說得好，家有長子，國有大臣，要我們垂簾聽政，不過是個從權辦法。屈指已是十二年，正好乘此交卸，你我安居宮內，優遊歲月，免得日日操心，豈不是好麼？」西太后沉吟良久，方道：「既這般說，不妨撤簾，讓皇帝自去主持。但必須託付幾個重臣，叫他匡過格非，免得貽誤國家，方可無虞。」東太后道：「恭王奕訢是皇室勛親，想總靠得住的。倭相已是去世，還有徐、李諸大臣，向曾教讀皇帝，位居師保，應也不致溺職。我們歸政時，重託他們一番，諒他們具有天良，必肯竭忠效力哩。」語語持正，不由西太后不從。西太后道：「但願如此，我等方得享清閒福了。」議既定，遂授意內閣，命擬宣諭旨道：

欽奉慈安端裕皇太后、慈禧端佑皇太后懿旨，前因皇帝沖齡踐阼，時事多艱，諸王大臣等不能無所稟承，姑允廷臣垂簾之請，權宜辦理。皇帝典學有成，當春秋鼎盛之時，正宜親統萬幾，與中外大臣共求治理，宏濟艱難，以仰副文宗顯皇帝付託之重。著欽天監於明年正月內選擇吉期，舉行皇帝親政典禮。一切應行事宜，及應復舊制之處，著軍機大臣大學士會同六部九卿，敬謹妥議具奏。特諭。

欽天監奉到此諭，監正監副等自然特別小心。避凶趨吉，諏定一個良辰，乃是同治十二年正月二十六日，隨即奏聞。一班王公大臣，因吉日已定，不便遷延，遂援古斟今，酌定若干條文，作為親政典禮。這是中國官員善乾的事件。奏入報可，禮部衙門遂即籌備起來。

湊巧日本遣使副島種臣前來議約，與各國使臣聯繫入覲，微示要求。原來英、法、俄、美四國立約通商以後，外洋各國如德意志，如奧斯馬加，如義大利，如荷蘭，如丹麥，如瑞典、挪威等，俱援請互市，陸續訂約。東洋日本由國王睦仁嗣統，尊王覆幕，變法維新，國勢日盛一日。於同治十年間，曾命使臣柳原前光至天津，與李鴻章議定革約，未得清廷批准交換。至是復遣使到京。清廷把立約利害卻看似無足重輕，不加研究，只將覲見禮節飭恭王奕訢詳諭日使。徒擺一空架子，於國事何益，中國之敗實由於此。日使不肯遵行拜跪禮。略稱中國皇帝與敝國皇帝相等，敝國自明治維新，廢去拜跪舊制，今來覲見中國皇帝，也應彼此從同。恭王答以上國禮儀，理應如是，不得變更。日使又謂西國使臣，也行鞠躬禮，如何獨歧視中國？恭王又說是中西體制，向來不同，未便援例。兩下爭論數日，由各國使臣調停，議定行三揖禮。於明年皇帝親政後，方許覲見。唯中日商約，準於月內互換，爭案才寢。是謂不揣其本，而齊其末。

會滇中又來捷音，雲南巡撫岑毓英攻克大理，斬積年回酋杜文秀，坑死叛回數萬人，滇邊一律肅清。疆臣敘績，朝旨賞功，又是一場大慶幸。轉眼間臘盡春來，新年易過，漸近撤簾，內閣復頒下朱諭道：

頃奉兩宮皇太后諭旨，皇帝寅紹丕基，於今十有二載，春秋鼎盛，典學有成，茲於本月二十六日，躬親大政。欣慰之餘，倍深兢惕。因念我朝列聖相承，無不以敬天法祖之心，為勤政愛民之治。況數年來東南各省，雖經底定，民生尚未乂安，滇隴邊境及西北路軍用未蕆，國用不足，時事方艱。皇帝日理萬機，敬念唯天唯祖宗所以託付一人者，至重且巨，只承家法，夕惕朝乾，於一切用人行政，孳孳講求，不可稍涉怠忽。視朝之暇，仍當討論經史，深求古今治亂之源，克儉克勤，勵精圖治。此則垂簾聽政之初心，所夙夜跂望而不能或釋者也！在廷王大臣等，允宜公忠共矢，勿避怨嫌。本日召見時，業已諄諄面諭。其餘中外大小臣工，亦當恪恭盡職，痛戒因循，弘濟艱難，弼成上理。有厚望焉。欽此！

屆期，兩宮太后撤簾，同治帝親政。典制崇隆，儀制繁重，無庸細表，且至下回，再述撤簾以後的情形。

本回為兩宮皇太后合傳。冊後之時，慈安主年長，慈禧主年幼，一持正道，一具私心，兩太后之心術於此可見。至慈安倡議撤簾，慈禧尚有遲疑之意，亦一正而一私耳。或謂慈安所言，卒得照行，慈禧雖懷私意，終不能獨違正議，是慈安未嘗無權，慈禧亦未嘗自專，何以都下人士猶多頌慈安，而訾慈禧耶？吾謂此正所以見慈安之長，慈禧之短。慈安於小事不計較，一任慈禧所為，唯冊後、親政兩大端，所關重大，不得不以全力爭之。至於內治不永，嘉順不終，乃命數使然，非人力所能主。子輿所謂順受其正者，慈安有焉。讀此回，而兩太后之品誼分矣。

同治帝微行縱樂　圓明園諫阻興工

卻說同治帝親政後，復加上兩宮皇太后徽號。東太后加號康慶，西太后加號康頤。兩太后頤養深宮，比前日垂簾聽政時，勞逸似乎不同。東太后很是暢適，獨西太后尚有雄心，仍不免偵察朝政，監督嗣皇。所以同治帝往來兩宮，於嫡母前嘗依依不捨，於本生母前，恰是陽奉陰違。西太后察言觀色，料知同治帝隱衷，時常啣恨。好在風調雨順，國泰民安。陝甘總督左宗棠復奏報關隴大定，甘回叛酋馬化龍受擒，陝西叛酋白彥虎雖仍被逃脫，也不過殘喘苟延，現正進軍西域，設法緝拿等語。朝旨一一俞允，並論功行賞有差。西太后以時局昇平，也暫把懊惱心腸擱過一邊，整日裡，在宮中尋樂，借詩酒以陶情，借聲歌以寄興，有時或揮毫作書，有時或臨池學畫，到也清閒自在，不愁不煩。

只同治帝曠達性成，不喜羈絆。臨朝以外，雖有后妃等作伴，無奈每日想見，不過爾爾。多情還是無情好，真花不及野花香。因此樂極生厭，不免有些憎煩怕膩起來。隨從有近侍兩人，最為狡黠，一名文喜，一名桂寶，私下窺透聖意，慫恿同治帝微行。同治帝道：「微行原是有趣，朕所最喜歡的。但從前朕尚童稚，兩宮太后及滿朝王大臣待朕尚寬，所以朕好微行。現在朕已親政，比不得從前時候了。」文喜道：「萬歲爺的聖旨，奴才恰是不解。據奴才愚見，越是親政，越好微行。」同治帝愕然道：「你怎麼說？」文喜道：「親政二字，便是萬歲爺獨攬大權的意思。萬歲爺要怎麼行，旁人不能說句不得行，這乃叫做親政。」虧他解釋。同治帝道：「政是政治的政，微行不好算政治。」桂寶道：「從前唐太宗、宋太祖等，統是曠代明君，也是時常微行。本朝聖祖、高宗南巡西狩，何嘗不是微行的變相！就是世宗睿皇帝，最稱明察，也是從微行得來。萬歲爺纘承祖武，為什麼不好微行呢？」同治帝道：「你的說話恰也有理。今夕便出去逛一會子，也好散一散悶，你等須緊緊隨著，不得有誤。」同治帝尚有一隙之明，偏被若輩朦詞誑蔽，可見小人是萬不可近的。文喜、桂寶齊聲道：「謹遵聖旨。」

這夕月色微明，宮中混出三個人物來。前後兩人統是戴著瓜皮帽，穿著黑背心，沒甚裝潢，就是文喜、桂寶。當中這一位，衣帽與兩人差不多，只帽上綴著一粒絕大的明珠，光芒閃閃；背心獨是玄色，有精緻的龍團，就貢緞中織出，鮮明無匹，便是統一江山的同治帝。三人迤邐前行，到了東華門，有門官守者。由文喜與他附耳數語，即放令出去。信步間已入市中，轉彎抹角走進去一條衚衕，恰有幾處娼寮妓館。文喜道：「萬歲爺要進去一逛否？」同治帝道：「此處不要照舊稱呼，須隱姓埋名方可。」文喜便恭請特旨，同治帝道：「你等呼我為少爺，我便叫你作阿喜，桂寶易名阿寶，可好麼？」兩人唯唯應命。文喜挑選了一個清靜的妓寮，導同治帝踱入門中。即有鴇奴等歡迎，引進內廳。獻茗後，文喜向鴇奴道：「我們大少爺來此閒逛你家，所有姑娘兒不妨一概出來。」鴇奴應聲出去，霎時間有妙妓三四人，打扮的粉白黛綠，聯翩趨入。見了同治帝，俱屈膝請安。同治帝叫她免禮，諸妓站立兩旁，任同治帝默默品評。同治帝瞧了這一個，又瞧那一個，統是從頭至足的審視，面龐兒有方的，有圓的，有長的，與宮中妃嬪相比，到也相去不多。獨有一副漢裝打扮，迥乎不同，厭故喜新，人情同然。妖豔之中另具一副裊娜態度，還有一對對的小小金蓮，掩映石榴裙下，瞧將過去統不過三寸左右，這乃是諸妓特色。惹得那少年天子目蕩神迷。文喜等料知皇上中意，便囑鴇奴設席，所來妓女，俱令侍宴。綠酒紅燈之夕，眉挑目語之辰，軟語綿綿，柔情脈脈；迨至酒意半酣，歌聲繼起，幽韻如嬌鶯囀谷，清聲如雛燕尋巢，雜以銅琶鐵板，按節合音；幾疑是身入廣寒，神遊仙府。已而歌場寂寂，玉漏遲遲，陳王留洛浦之蹤，神女葉高唐之夢。蓮鉤半握，覺控送之皆宜，脂澤微醺，觸芬芳而欲醉，一夜的倒鸞顛鳳，曲盡歡娛，似乎宮中妃嬪沒一個如她柔媚，沒一回有此風流。寫盡色荒。只恨良宵乍短，曙色忽明，同治帝略睡片刻，便由文喜、桂寶催他回蹤。沒奈何辭卻香巢，返歸帝闕。朦朦朧朧地臨了一回朝，即至別宮小睡。

到了傍晚，又去尋那文喜、桂寶兩人，追述昨晚樂趣。文喜道：「這種粉頭，尚是顏色平常，不足為奇。萬歲爺若令人採選，西子、太真，可重致哩。」同治帝道：「宮中不能採納漢女。從前先考崩逝，梓宮回京，什麼牡丹春、海棠春，都被母后攆逐。朕若再要採選，那活祖宗肯準我麼？」也是回顧之筆。文喜想了一會，隨道：「先皇帝在日，曾因祖制難違，想了一個變通法子，把四春娘娘住居圓明園內。可惜園已被焚，否則仍好照辦哩。」桂寶道：「目今四海承平，八方無事，這園子不好重建麼？」同治帝只是搖頭。文喜道：「萬歲爺尚有何疑？」一鼓一吹，煞是好看。同治帝道：「無端興起土木，無論母后不允，就是王大臣等，也要諫阻。」文喜道：「這且不妨。」便與同治帝附耳道，如此如此這般這般，樂得同治帝心花怒開，便讚道：「虧你想得周到，朕明日下旨便了。」次日即諭飭總管內務府大臣，重築圓明園。略稱：兩宮皇太后保祐朕躬，親裁大政，十有餘年，尚無休憩遊息之所，以承慈歡，朕心實為悚仄。著總管內務府大臣設法捐修圓明園，以備聖慈燕憩，用資頤養等語。這旨下後，內閣御史沈淮，仗著赤膽忠心，就來奏阻。無非說是帑藏支絀，請暫展緩等因。同治帝未曾細覽，便提筆批斥，抬出「尊親養親」四字，當頭一駁，題目恰是正大。即刻發出。臺官等因沈淮被斥，不敢續奏，只得去勞動恭王奕訢，要他出場諫阻。奕訢道：「這事不知是太后主見，抑是皇上主見？待我探聽的確，以便進言。」臺官等聞了此語，自然散去。同治帝既下諭修園，恨不得即日造成，作為藏嬌的金屋。可奈內務府籌無的款，一時不好興工。惱得同治帝每日呵叱，痛詈內務府大臣，限他剋日興辦，約期告蕆。內務府大臣被他罵昏，巧婦難為無米炊，只得尋出一條路子，託西太后的心腹李蓮英，面奏西太后，從中展緩。蓮英所喜歡的是金錢，徒將口嘴請託，就使舌上生蓮也是沒效；況且西太后最愛遊玩，平時常提起圓明園，被洋人燒掉，飲恨不休，此番重行建造，西太后也暗地贊成，如何轉好攔阻？因此內務府託了幾回，他只密奏一次，還算承情。由西太后囑咐皇上，叫他一切從儉，不得過費，亦不必過急。同治帝無可如何，只得遵囑下諭，先將供奉列代聖容的安佑宮，暨兩宮太后駐蹕的殿宇，並自己辦事住居的宮室，提早修葺，此外姑從緩辦，以昭節儉云云。內務府不得已，才東移西湊的騰出款項估工興築。同治帝常去監視，基址雖是現成，垣牆都要重造，裡面的建築更是工程浩大，才知非一時所能構成。緩不濟急，只好與文喜、桂寶等人再出微行，借作消遣，厭厭夜飲，無不醉歸。甚至日上三竿，軍機大臣等統在朝房候久，才見聖駕臨朝。

會日本使臣副島種臣，遵約來覲。恭王奕訢恐同治帝又誤時刻，只得先日密陳，請同治帝特別注意，休使外臣輕瀆。於是同治帝方休息數日，靜養精神，準備受覲。屆期這一日，親御紫光閣，覲見日使。副島種臣登殿三揖，齎送國書，同治帝慰勞如儀。回應上次，故載入之。又有俄使倭良夏裡、美使鏤斐迪、英使威妥瑪、法使熱福理、荷使費果蓀，皆於是日入覲，鞠躬致敬，濟濟蹌蹌，總算中外一堂，周旋中節。

自此恭王奕訢，隨時進諫。常說，要如何勤如何儉，如何本身作則，如何率履無愆。堂皇正大的奏議，一送入同治帝耳中，反覺得言言迂腐，語語嘮叨。忠言逆耳。會貝勒載澄進來，見同治帝有慍色，便問道：「皇上何故不樂？」同治帝道：「都是你家老頭子長篇大套的常來絮聒，惹人懊惱！」載澄道：「老朽迂談，理他什麼。」虎父生犬子，奈何！同治帝轉慍為喜道：「你可謂干父之蠱，不枉與朕同學一番。」奇語，難道徐李諸師傅叫他狎邪麼？原來載澄即恭王長子，曾在弘德殿伴讀，從小相狎，脾氣很是相同。當下談笑盡歡，至講到冶遊情況，載澄的見識遠過同治帝。同治帝道：「楚館秦樓你到過多少，可為朕一述否？」載澄屈指計算，差不多有數十處。同治帝又問道：「何處最佳？」載澄道：「要算南城最佳了。奴才曾物色了好幾個。」同治帝道：「可導朕一逛否？」載澄笑道，「皇上屈駕旁求，奴才敢不汲引！」不愧薦賢。是夕，同治帝遂命載澄易服同遊。連文喜、桂寶都不帶了。到了南城，各娼寮中統曉得載澄是著名公子，與他同來的人物定是差不多的爵位，自然特別巴結。嗣見載澄還要趨奉那人，料得那人位置還在載澄以上，越發獻媚承歡。更兼同治帝面白唇紅，顴平額廣，生得漂亮異常。月裡嫦娥愛少年，況這水性楊花的姊兒，那有不愛俏的道理！

數宵歡會，把同治帝的貪花癖幾乎融成一片。同治帝愉快異常，感念載澄不止。到了冬月，因越年為西太后四旬大慶，加恩近支宗親，預頒賞賚，自恭親王以下，均從優給。載澄亦得列在內，竟蒙加郡王銜，並給頭品頂戴。何不封他花王！這是同治帝特別酬庸，借公報私的至意。

翌年元旦節，恰停止筵宴。小省大用，終屬無益。春季無事，只祈谷、朝日、祭祀社稷等典禮，照例舉行。一入夏季，臺灣生番，把日本避風船內的難民殺了幾名，日本派中將西鄉從道率兵登岸，進攻番社。嗣由福建船政大臣沈葆楨及藩司潘霨，往臺查辦，逐漸設防。日本見臺防漸固，遂又遣大久保利通到京，與總理各國事務衙門交涉，索得償款五十萬兩，方將臺灣兵撤回。同治帝因中日修和，太平依舊，龍心為之欣慰。只圓明園修造一年，並沒有什麼造好，又不覺焦躁起來。當下宣召內務府總管，訓斥一頓，限他年內告成，否則嚴懲不貸。看官，你想這座圓明園闊大得很，從前經雍、乾兩朝逐年增築，才得成功，那裡有一兩年工夫便好完工呢？總管大臣當面不好違拗，只好遵旨退下。外面忙運動臺官，設法諫諍。各御史道：「前時曾託恭王爺奏阻，如何不見成效。想是貴人善忘哩，我等不如再見恭王吧！」當下至恭邸探問情由。恭王答道：「我亦曾諫過數次，怎奈上頭固執成見，不肯停辦，如何是好？」各御史道：「這件事總要仗王爺挽回，別個那裡能夠呢！」恭王被大眾逼著，只得毅然自任，又去進見同治帝，不到三言兩語，已碰著釘子，被斥出來。隨即通知各御史，各御史多面面相覷，只有一位姚御史百川，頗有智識，想出一個移花接木的法子，擬把三海去抵圓明園。三海就是西苑，為明朝郭守敬所浚，有南北中三水通流，故號三海。主見已定，便向恭王道：「三海風景倒也很佳，若將圓明園工程移至三海，豈不是事半功倍麼！」恭王道：「三海未曾被毀，稍稍修葺，便復壯觀。若與圓明園相較，所省工程相去約數十倍，何止一半。只恐上頭不從呢！」百川道：「皇上的旨意，無非為頤養太后起見，總教太后通融這事，就可辦得。看來仍須王爺出力，入見兩宮，懇請移辦呢。」恭王道：「慈安太后無可無不可，慈禧太后處恐怕不易進詞。」百川微笑道：「有李總管在，託他先容，事無不成。」李蓮英勢力，此時已見一斑。恭王眉頭一皺，便道：「李總管蓮英麼……」百川不待說完，已是會意。即介面道：「內務府總管焦急得了不得，叫他先著疊若干銀子，做運動費，也是很願的。」恭王道：「既如此，做我勿著，且再去辦一下吧！」百川等才作揖告別。過了數日，竟頒諭內閣，道：

前降旨諭令總管內務府大臣，將圓明園工程擇要興工，原以備兩宮皇太后燕憩，用資頤養，而遂孝思。本年開工後，朕親往閱看數次，見工程浩大，非剋期所能蕆工。現在物力艱難，經費支絀，軍務未甚平安，各省時有偏災。朕仰體慈懷，甚不欲以土木之工，重勞民力。所有圓明園一切工程，均著即行停止。俟將來庫款充裕，再行興修。因念三海近在宮掖，殿宇完固，量加修理，工作不致過繁。著該管大臣查勘三海地方，酌度情形，將如何修葺之處，奏請辦理。欽此！

越日，內閣又奉朱渝，道：

朕自去歲正月二十六日親政以來，每逢召對恭親王時，語言之間諸多失儀。著革去親王世襲罔替，降為郡王。仍在軍機大臣上行走。並載澄革去貝勒郡王銜，以示微儆，特諭！

又越日，復諭內閣，道：

朕奉兩宮皇太后懿旨，皇帝昨經降旨，將恭親王革去親王世襲罔替，降為郡王，並載澄革去貝勒郡王銜。在恭親王於召對時，言語失儀，原屬咎有應得。唯念該親王自輔政以來，不無勞勩足錄。著加恩賞還親王世襲罔替。載澄貝勒郡王銜，一併賞還。該親王當仰體朝廷訓誡之意，嗣後益加勤慎，宏濟艱難，用副委任。欽此！

這三道諭旨，聯翩而下。盈廷王大臣俱錯愕不知所為。嗣經探聽確鑿，方曉得此中原委。第一道諭旨，乃是恭王從姚百川言賄託李蓮英先容，然後入宮面請，果得西太后照允。即命恭王擬旨，硬要同治帝蓋璽。同治帝迫於母命，無奈強從，心中卻暗恨恭王。足足的氣了一夜，翌晨即親書朱諭，將恭親王降為郡王，並及其子載澄，也把他貝勒郡王銜革去。所以有第二道諭旨，至第三道諭旨，分明是恭王受譴入訴兩宮，由西太后立命賞還，即飭軍機繕旨頒下。同治帝雖然親政，究竟拗不過太后，只得忍氣吞聲敷衍過去。彷彿以卵敵石。

但鬱極思通，悶極思動，索性連日微行，圖個盡情的快樂。內務府中有個旗員，名叫桂慶，操守純正，聞同治帝一意尋花，竟有些耐不下去，就切切實實的上了一個奏摺。內稱：皇上少年好色，恐不永年。請將蠱惑的內監一律驅逐，其有情罪重大者，應立加誅戮，殺一儆百。兩宮皇太后亦須保護聖躬，俾慎起居，以免沉溺等語。同治帝瞧了此奏，頭腦都痛將起來，不覺憤憤道：「混帳忘八，敢詛咒朕躬麼，不嚴辨他一下子，還當了得！」正是：

忠言不用如充耳，苦口難醫已死心。

畢竟桂慶曾否受譴，且至下回說明。

是回純敘同治帝，暗中恰刺西太后。同治帝系西太后所生，教養之責，唯西太后是賴。西太后既留意時政，寧於同治帝微行獨不聞之？斥蠱主之內豎，進格君之正人，則同治帝尚在少年，不難潛移默化。此而不行，任其冶遊無忌，是明明縱子以不肖也！至圓明園之議築，尤為無益有損之舉。國帑空虛，時局未定，築園奚為者？同治帝為藏嬌而築園，西太后為娛老而築園，其尋歡取樂之心，二而一，一而二也。文喜、桂寶及李蓮英等，皆誤國小人，母子俱嬖倖之，是可見母子之惑，相去殆無幾耳。杜慶之奏，實中肯綮。是回作為結尾，亦含有深意。閱者不得以尋常敘述文目之。

染瘡毒穆宗賓天　絕粒食毅後殉節

卻說同治帝閱桂慶奏摺，正擬下旨嚴譴。忽由長春宮太監奉太后命，來取此奏。長春宮系西太后所居。同治帝見他奉命前來，只好將原奏交給，乘著怒意，擲與宮監。宮監即齎呈西太后。西太后仔細展覽，前半篇是指陳袞闕，倒也不甚介意，後半篇乃嚴懲內監，責成慈闈，未免心中怏怏。便道：「這也太言過其實呢！」袒己耶？抑袒李蓮英耶？遂留中不發。桂慶於呈奏時料知同治帝不從，曾暗通內線，要西太后過目，隔了數天，並無批答，才識西太后也不見用，竟辭職而去。自桂慶去後，王大臣們統做了仗馬寒蟬，他總教祿位穩固，官爵保全，便算僥倖，管什麼天子風流，國家興替！庸奴如繪。

是年五月，欽天監奏彗星見。天象告警。西太后及同治帝，全不在意。略去東太后，為賢者諱。一個是預備萬壽典禮，忙碌得很，一個是常到南城尋歡冶遊要緊。光陰如箭，倏忽孟冬，西太后的萬壽期已漸近了。一切禮儀，遵照乾隆六年皇太后萬壽成例，辦理妥當。盛衰已是不同，儀制恐還較備。即加賞八旗年老官民，及京內外實任一二品大員老親，錫類推仁，鴻恩廣被，也好算作一朝盛事。語中帶諷。先期三日，同治帝率近支親藩，恭迎慈禧端佑康頤皇太后，御慈寧宮，上文說西太后住長春宮，便為此處註腳。升座侍宴。帝奉觴上壽，並效老萊子舞彩狀，恭承色笑。虧他支撐。親王、郡王、貝勒、貝子、公等，依次進舞，歡忭有加。禮成，又至鐘粹宮迎東太后。東太后住處，亦隨筆帶敘。與西太后同幸漱芳齋，同治帝旁坐侍膳，近支親藩等皆蒙賜食。次日復奉兩太后幸寧壽宮，侍膳賜食如昨例。又越日亦如之。及期慈禧端佑康頤皇太后御慈寧宮，受慶祝禮。兩稱西太后徽號，含有微意。內如六宮九院，外如王公、世職、大學士、六部、九卿，及蒙古外藩等，統依次晉祝，分班磕頭。開八荒之壽域，率土皆春，聽萬眾之歡呼，同聲稱慶。祝嘏畢，大開筵宴，盛沐慈恩。是晚廣選名優，入宮酣舞，演幾齣西池王母，唱幾闋萱室長春，慈顏為之盡歡，臣心無不稱頌。書中獨敘西太后萬壽，不及東太后，顧本旨也。

只同治帝趨蹌奔走，時覺蹣跚難行，暗地皺眉，偷閒呼痛。旁人還道他是疲乏，誰知他樂極悲生，有一種說不出的苦楚。啞子吃黃連。看官你道為何？乃是染了淫毒，下身生著楊梅瘡。起初不過稍覺痛癢，尚無大礙；到西太后萬壽期內，已發現瘡毒不便行走。只因禮節難違，沒奈何撐著雙足，來往宮中周旋了好幾日，把娘肚皮裡氣力，統已用盡，遂奄奄一息臥倒龍床。后妃等問他病源，總說是逐日勞苦，以致疲憊。及兩宮太后親來探問，越發不好明言，只得諱莫如深的過去。就是御醫診視，也總不料他是淫毒纏身。模糊擬方，無非是銀花、夏枯草等類，飲了下去如飲水一般，有什麼功效！捱到十一月間，龍準兩旁也居然現出斑點來。得毋所謂脺然現面耶！已而毒水潰流，浸淫滿面，一位豐姿瀟灑的英主，弄得像混世魔王。自兩宮太后以下，都不曉得是什麼病症。詳問御醫，竟稱是天花之喜。瞎話。這時候的內外章奏，已命軍機大臣李鴻藻代為批答。西太后恐大權旁落，遂召集近支親王會商，酌定政見。先由醇親王奕訢領銜奏請，繼乃頒諭內閣，道：

朕於本月遇有天花之喜。經醇親王等合詞籲懇，靜心調攝。朕思萬幾至重，何敢稍耽安逸。唯朕躬現在尚難耐勞，自應俯從所請。但恐諸臣無所承，深慮貽誤，再三籲懇兩宮皇太后，俯念朕躬正資調養，所有內外各衙門陳奏事件，呈情披覽裁定。仰荷慈懷曲體，俯允權宜辦理。朕心實深欣感。茲此通諭中外知之。欽此！

翌日又由同治帝名義，降一諭旨。說是奉兩宮太后懿旨，封慧妃為皇貴妃，瑜嬪為瑜妃，珣嬪為珣妃。這諭下來，闔廷臣工，又是摸不到頭腦。都說皇上方在不豫，醫治尚恐不及，如何記念妃嬪加封起來。這正是咄咄怪事！一天過一天，到了十二月五日，由內廷傳出懿旨，立召惇親王奕誴、恭親王奕訢、醇親王奕譞、孚郡王奕譓、惠郡王奕詳、貝勒載治、載澄，一等公奕謨、御前大臣伯彥訥、謨祜，軍機大臣寶鋆、沈桂芬、李鴻藻，總管內務府大臣英桂、崇綸、魁齡、榮祿、明善、貴寶、文錫，弘德殿行走徐桐、翁同龢、王慶棋，南書房行走黃鈺、潘祖蔭、孫貽經、徐郙、張家驤等，入見養心殿。各王大臣等陸續趨至。但見宮中一帶，統是宮監排列；所有各重門禁都駐著赳赳武夫。大概是榮祿手下的旗兵。此處復兩現榮祿。王大臣等不知何故，但既奉召前來，只好屏著氣、垂著手，齊集殿門。殿外已有宮監立著，見大眾到齊，即宣旨召入，直進西暖閣內。兩宮太后分席列坐，面上都帶著慘容。眾人覲見畢，西太后先開口道：「皇上疾已大漸，將來繼統問題，須預先議定為是。」眾人聽了這語，都驚得目瞪口呆，不發一言。西太后又道：「這是眼前要政，你等何須驚疑。」眾人又不敢遽答，眼光都注到恭王身上。恭王此時不便緘默，乃跪奏道：「皇上年力方強，即有不豫，亦不致有意外之變呢！」西太后不待奏畢，便搖首道：「不濟事了。你是皇室懿親，此後嗣承大統的應該是誰？」恭王囁嚅道：「聞得皇后……」說到「后」字，好似有骨鯁在喉，不說下去。西太后已知其意，便道：「皇后懷胎的訊息也是靠不住的，就使有胎，亦不知何日誕生，生了亦未必是男。國不可一日無君，理應先日議定。」恭王道：「皇后既已有娠，這是最好的了。現在大小事件統懇兩太后裁定，一經皇后分娩，是男是女再行定奪。」西太后旁瞧漢員道：「這話太懸宕了。現在西南尚未大定，如知朝廷無主，難道不要生變麼？」西南或不致如此，倒是你要生變。軍機大臣沈桂芬、李鴻藻，弘德殿行走徐桐，同跪下道：「聖慈明燭千里，臣等莫名欽佩。」大拍馬屁。東太后至此，也耐不住，便道：「據我意見，恭王的兒子，恰可入承大統。」恭王忙磕頭道：「奴才不敢！如果要立皇嗣，也應輪著溥倫。」西太后道，「溥倫是宣宗成皇帝的繼長孫，血統太遠，不應嗣立。」說至此，復顧東太后道：「倒不如立了醇王子載湉，時候已遲，應即決定。」醇王奕譞忙叩頭固辭。恭王又磕頭道：「事尚從寬，且至明日再議。」西太后聲淒而厲道：「實告你，皇上已大行了！」這聲懿旨，彷彿如霹靂一般，王大臣的淚珠兒，好似雨隨雷下，點滴不住。這副急淚，也虧王大臣預備。當下把儲議暫擱，都請至御寢哭臨。西太后道：「且慢，皇嗣一層，我意已決定載湉了。」諸王大臣也無暇爭論，有說是遵旨的，有說是請慈衷裁定的。支吾了一會，即由西太后命，令內監導王大臣等至東暖閣。東暖閣就是御寢所在，與西暖閣相距無幾。王大臣等甫至閣門，但聽裡面有一片嚎啕聲，哭得非常悽慘，眾人都不知不覺的流下淚來。這恰是真淚。須臾，已魚貫入閣，見龍床上面直挺挺的臥著帝屍，身上亦罩著龍袍，預備入殮。旁侍后妃人等，統是悲泣，獨皇后已暈過幾次，還是撫屍大慟。大眾陪哭一場，天色已是黃昏。恭王見皇后慟哭不已，正思出言勸慰，適西太后徐步進來，眾人又上前請安。皇后越發嚎啕。西太后戟指道：「你這狐媚子，媚死你的皇上，還裝出這副形容。遲了，遲了！」姑惡，姑惡。復對眾王大臣道：「你等須安排嗣皇即位，不必在此侍著。」王大臣遵旨而退。恭王亦抽身欲出，西太后道，「你且在此。」不是留他，實是禁他。恭王不好違慢，只得在東暖閣中靜悄悄的候著。西太后獨返入西暖閣，圍爐休息去了。時已起更，燈昏塵黯，外面風聲刮耳，差不多似天崩地塌，海嘯山號，皇帝大行應有此景。恭王身著狐裘，尚是暗中發抖。

挨過了兩三小時，才見有數人搴帷而入。第一位仍是西太后，第二位系醇王奕譞的福晉，乃是西太后的同胞妹子。隨後有乳媼數人，抱著一個三歲有奇的小孩子，尚是朦朧睡著。看官不必細猜，便應曉得是嗣皇帝載湉。大書特書。當下與恭王想見。除西太后外，還是行著家禮。西太后語恭王道，「嗣皇已到，應先在御寢旁行即位禮，以便明日頒詔。」恭王聞言，心中很不願贊成，但木已成舟，無可挽回，不得已唯唯聽命。於是復宣召眾王大臣，入養心殿，兩旁序立，靜候幼主登基。這幼主尚睡在夢裡，被那本生母喚醒，惱了性子，亂啼亂叫，西太后過去撫摩，溫詞誘導，偏這幼主不肯順從，越加啼叫不休。為後來母子不和之兆。嗣經醇王奕譞進去保抱，哄騙了好一歇，方有些轉悲為喜。如此立主，真同兒戲。乃命向大行皇帝前磕了頭，然後抱出殿中，扶登御座。王大臣等序班朝見，跪叩如儀。那幼主因少見多怪，幾乎嚇倒御座，又哇哇地啼哭起來。都是預伏後文之筆。倉猝禮成，草草了事，恭王方得脫然回邸，諸王大臣等亦各歸息。翌晨，復入宮承值。午後，大行皇帝大殮，十有九齡的天子至此永終。真所謂一棺附身，萬事都已了。昔日風流，而今安在？

是日即頒遺詔，略稱：本年十一月適出天花，以致彌留不起。第念統緒至重，亟宜傳付得人。茲欽奉兩宮皇太后懿旨，醇親王子載湉，著承繼文宗顯皇帝為子，入承大統，為嗣皇帝。嗣皇帝仁孝聰明，必能欽承付託，等語。四歲小孩聰明或有之，仁孝何能預料，明是欺人之談！同治皇后聞到此詔，暗想：大行皇帝臨終時，那有這等遺言！分明是捏詞粉飾，滿盤播弄。更兼嗣皇載湉入繼文宗，置大行皇帝於何地！自己更不必說了。想到此處，毫無生人之趣，只自祈死而已！可憫。諸王大臣明知此舉無名，難為皇后，只因西太后獨攬政權，不好違忤，沒奈何擬了嘉順二字，作為同治皇后的封號。總算蒙西太后俞允。又尊謚同治帝為穆宗。翌年改元光緒，即為光緒元年。光緒帝年幼無知，自然援著老例，重請兩宮皇太后臨朝，再行垂簾訓政。不到數日，又下了一道懿旨，謂：俟皇帝生有皇子，即承繼大行皇帝為嗣。相傳這道懿旨還是東太后及恭王奕訢商議出來，西太后勉強贊同，未知確否。忍於子婦，他事可知。轉瞬新年，光緒帝登極受朝，還算歡歡喜喜地坐了一歇。有三十四年的掛名，總有一點福澤。各王大臣等排班跪叩，毋庸細表。獨醇親王奕譞，先期告病辭職，由懿旨批准，開去各項差使，凡朝賀等典禮，概免參預；遇太后萬壽，在便殿行禮，不隨眾朝賀；所有親王爵秩，準其世襲罔替。因此新皇登極，醇王不與朝賀，這也是父不拜子的禮儀。

過了元日，宮中筵宴，雖較前略減，總不能一例蠲除。西太后聽戲飲酒，依然如故。內閣侍讀學士廣安，得了這種訊息，不覺懊惱道：「先皇帝的梓宮尚未奉安，善後事宜亦未辦妥，難道好樂以忘憂麼？我倒要批鱗一奏了。」遂擬定奏稿，繕好奏摺，立即齎呈。其文道：

竊維立繼之大權操之君主，非臣下所得妄預。若事已完善，而理當稍為變通者，又非臣下所可緘默也。大行皇帝沖齡御極，蒙兩宮皇太后垂簾勵治十有三年，天下底定，海內臣民，方將享太平之福。詎意大行皇帝，皇嗣未舉，一旦龍馭上賓。凡食毛踐土者，其不籲天呼地。幸賴兩宮太后，坤維正位，擇繼咸宜，以我皇上承繼文宗顯皇帝為子。並欽奉懿旨，俟皇帝生有皇子，即承繼大行皇帝為嗣。仰見兩宮皇太后宸衷經營，承家原為承國，聖算悠遠，立子即是立孫。不唯大行皇帝得有皇子，即大行皇帝統緒，亦得相承勿替，計之萬全，無過於此。唯是奴才嘗讀宋史，不能無感焉。宋太祖遵杜太后之命，傳弟而不傳子，厥後太宗偶因趙普一言，傳子竟未傳侄。是廢母后成命，遂起無窮斥駁。使當日後有詔命，鑄成鐵券，如九鼎泰山，萬無轉移之理，趙普安得一言間之？然則立繼大計，成於一時，尤貴定於一代。況我朝仁讓開基，家風未遠，聖聖相承，夫復何慮？我皇上將來生有皇子，自必承繼大行皇帝為嗣，接承統緒。第恐事久年湮，或有以普言引用，豈不負兩宮太后貽闕孫謀之至意！奴才受恩深重，不敢不言。請飭下王公大學士六部九卿會議，須立鐵券，用作奕世良謨。伏乞兩宮太后暨皇上聖鑒！謹奏。

奏入，於翌日即頒下懿旨道：

前降旨俟嗣皇帝生有皇子，即承繼大行皇帝為嗣，業經明白宣示，中外咸知。茲據內閣侍讀學士廣安，奏請飭廷臣會議，須立鐵券等語，冒昧瀆陳，殊堪詫異。廣安著傳旨申飭。欽此！

懿旨下後，小懲大誡，竟沒有第二人續上奏摺。宮廷內外，依然是幸遇清時，朝無闕事了。

誰知到了二月，嘉順皇后的噩耗，又自宮中傳出，都說是緣絕食而崩。憶前此歡諧鳳卜，未及三秋，痛此時攀及龍髯，不過百日。後人有詩詠嘉順皇后道：

開國科名幾狀頭！璇閨女誡近無儔。

昭陽自古誰身殉？彤史應居第一流！

欲知嘉順皇后死狀，且看下回分解。

同治以前，清未有兄終弟及之制。始之者，為光緒帝。光緒帝之母，西太后之妹也。光緒帝即為西太后之甥，亦即西太后之侄。侄且兼甥，西太后意中以為有兩重關係，他日當唯言是從；且可因幼主登極，仍得垂簾訓政，手握大權，其自為計固得矣。如家法何？如祖制何？夫家法與祖制固不足以怵西太后之心！但同治帝本所自出，猶且未盡聽命，豈光緒帝長成後，必將順無違耶？人謂西太后智，吾謂西太后亦智而愚者。至嘉順皇后之殉節，無非為西太后偏憎而起。嘉順未冊封時，已有明德和熹之譽，乃受制於惡姑，竟致絕粒而死，忍心害理之譏，不得為西太后諱焉。或謂慈安尚在，何以未申一詞？不知殺安太監，立嘉順后，皆慈安所為。西太后嫉之已深，防之益密，至同治帝崩，不令慈安干涉，蓋已處心積慮，布滿網羅。今日之事我為政，非他人所得與聞。恭王可羈住東暖閣，慈安不亦可羈住西暖閣耶！是回與上文第十回可以參看，益識西太后之手腕矣。

上遺疏痛陳繼統　改俄約幸得使才

卻說嘉順皇后，因同治帝駕崩，本已慟極；嗣復立載湉為帝，連繼子都沒有著落；西太后又視她如眼中釘，每日痛詈，不假詞色；廣安上奏復被申飭；遂斷絕各種希望，並腹中懷妊，亦置諸不顧，竟自行絕食，餓到腹枯腸竭，竟爾逝世。臨崩時眼眶猶含淚兩行，面色恰如生人一般。內監稟報鐘粹宮，東太后尚親自過視，哭了一場。至稟報長春宮，西太后恰悍然道：「死得好，死得好，早死一年，我的皇兒也不致短命了！」冤哉枉也！當下令內務府治喪。呈上禮節，被西太后抹去好幾條，草草塞責。王大臣擬了一個孝哲毅皇后的諡號，還幸不遭駁斥。有一個不識趣的御史姓潘名敦儼，竟奏請表揚先後，借光潛德，宮中便嚴駁下來，諭稱「孝哲毅皇后已加諡號，豈可輕議更張。該御史率行奏請，已屬糊塗，並敢以無據之辭，登諸奏牘，尤為謬妄，著交部嚴議」等語。潘敦儼撞了一鼻子灰，同寅中還說他自尋苦惱，真正懊悔不迭，何苦！這且按下不提。

單說兩宮皇太后二次垂簾，寰宇澄清，萬民樂業。西太后又振刷精神，創行了幾條新政：一是派遣外使。出使英國，派了郭嵩燾；出使日本，派了許鈐身；出使德國，派了劉錫鳴。一是準借洋款。陝甘總督左宗棠，出關剿回，因軍餉無著，準借洋款一千萬兩。一是贖回鐵路。從前英人擅築鐵路於上海直達吳淞口，適沈葆楨調督兩江，照會英領事阻止，不獲允；嗣由李鴻章與英使威妥瑪熟商，以銀二十八萬五千兩買收。後來未成的路線，原是停工，已成的鐵路，亦一律毀去。一是選派學生出洋遊學。從閩廠前後學堂，選派學生三十名，分赴英法兩國學習製造駕駛，由道員李鳳苞、洋員日意格為監督。這都是下請上行的政策，好算西太后刻意求治了。側重西太后，語有分寸。

會雲南騰越廳蠻允地方，戕殺英翻譯官馬嘉理，英人指為署督岑毓英主使，要挾多端。朝旨特派李鴻章赴滇查辦。復奏：馬嘉理由緬入滇，未曾知照地方官，以致匪徒劫殺，並無督署指使情事。總理衙門，照復英使威妥瑪，威妥瑪猶堅執前議，及鴻章北還，至煙臺，與英使會議，相持不下。俄、德、美、法四國公使適俱在煙臺，亦以英使為非；乃得磋磨就緒，訂定煙臺條約。無非是昭雪滇案，償銀撫卹；還有中外官員往來禮節，及中外商人互市條件，另附專款，乃是次年英人擬赴西藏，請給護照，等語。這種交涉，在英人視作極有關係，在清廷恰以為無足輕重，得過且過，全然不放在心上。左宗棠進軍新疆，又一路順風。略定天山北路，進剿天山南路，殺得白彥虎南奔西竄，遁入俄境。還有安集延酋阿古柏，正入踞新疆，僭號畢調勒特汗，也被左公麾下將弁幾仗殺敗，進退無路，仰藥而亡。這捷報傳達清廷，兩宮太后喜歡得了不得，立封左宗棠為二等侯，隨征將士統邀特賞。時已光緒四年二月了。點醒年月，可知是部小說除褒貶外，實可作一部編年史讀。

五年，葬同治帝、後於惠陵，又有一番熱鬧。兩宮皇太后也親往視葬。宮眷廷臣等更不必說。既告窆，送葬等人一律言旋。正在休息，忽由吏部尚書呈上一折，乃是吏部主事吳可讀遺疏，由堂官代奏，洋洋灑灑差不多有一二千字。兩宮太后瞧畢，由西太后發言道：「數年前，廣安曾有奏摺，也是為著此事。今吳可讀遺疏，又說要明降懿旨，預定將來大統之歸。難道我等苦心，臣下尚難共喻麼！」你全是私心，有什麼苦心。東太后道：「他自稱罪臣願效屍諫，倒也是一片忠心呢！」西太后道：「究不知他是什麼死法，還要問明吏部再行定奪。」當下召見吏部尚書，便垂詢吳可讀死狀。當由吏部復奏道：「吳可讀實服毒自盡的。他本奉陵工差使，卸事後，即在聯州馬神橋三義廟內自盡，有廟內周道士作證，州臣亦確查無誤。所以可讀遺疏，奴才不敢不代奏。」吳侍御死狀由吏部口中敘明。東太后道：「他不是奏參烏魯木齊提督成祿麼？」西太后道：「就是他。他是個書呆子，稍有所聞，便不管真偽，一味亂奏，所以前時曾將他降職的。」東太后又問吏部道：「他是何處人氏，從前做過何官？」吏部奏稱：「可讀籍貫系甘肅皋蘭縣，前時職任御史。」東太后道：「關隴之間，有此烈士，也算是難得了。」莫謂秦無人。復顧西太后道：「這應如何辦法？」西太后道：「且命廷臣妥議具奏，再行裁定。」隨命軍機擬旨，將吳可讀原折發交王大臣議奏，王大臣們會議了好幾日，想不出什麼善法來。看官，你道這種議奏，如何有這般難處？自從康熙帝建儲不定，把太子允礽廢了又立，立了又廢，後來終被雍正帝奪去。雍正帝懲前毖後，立密建皇儲法：潛書儲君名字，置匣緘封，藏諸乾清宮正大光明殿匾額後面；至新舊交替時，方將緘匣取下，啟視密旨，乃得定嗣。自雍正至咸豐朝，一律遵行。及同治、光緒兩帝承襲大統，雖沒有什麼密旨，然同治帝是隨駕熱河，當咸豐帝大漸時方命嗣立；光緒帝乃是西太后主張，入宮即位，已在同治帝大行之後；從沒有先正青宮，後踐帝位。若照吳可讀原折，是嗣皇帝生有皇子，過繼同治帝，就應立為皇太子，豈不是跡類建儲，有違祖訓麼？祖制不行久矣，多方顧忌何為。因此王大臣等不敢定議，只模糊影響的復奏上去。獨有學識優長的張之洞，職居洗馬，獨奏稱：繼嗣即是繼統，唯將來皇子眾多，不必遽指定何人承繼，待至繼統得人，即承繼穆宗為嗣，庶幾情法兩盡，等語。王大臣等會議數日，連此意都未想到，正是一班飯桶。兩宮太后覽到此奏，很是嘉許，便照張之洞奏摺，令軍機擬就懿旨，頒發出去。大旨說是：吳可讀所請，實與本朝家法不合，皇帝受穆宗教皇帝付託之重，將來誕生皇子，自能慎選元良，纘承統緒。其繼大統者，即為穆宗毅皇帝嗣子。守祖宗之成憲，示天下以無私，皇帝必能善體此意。所有吳可讀原奏，及王大臣等會議折，並張之洞等奏摺，暨前後關於繼嗣的諭旨，均著另錄一份，存毓慶宮。吳可讀以死建言，孤忠可憫，著交部照五品官例議恤。這旨一下，才算是鐵案鑄成，群喙屏息，吳侍御可讀死也瞑目了。

越數日，總理各國事務衙門得著一個琉球國被滅訊息。琉球國系東洋大島，在日本西南，道光前曾入貢清廷，後竟廢止。清廷因國家多難，不遑詰責，至此被日本併吞，夷為沖繩縣。總署方與日使交涉，日使置諸不理。正擬再發照會，忽由西域寄到緊急奏章，乃是陝甘總督左宗棠署名，欲與俄羅斯國開戰。總署諸公聞得開戰二字，都嚇了一大跳，忙把原奏呈入。為此一嚇，把琉球國事情竟置諸高閣了。銀樣鑞槍頭。越日，有上諭下來，命侍郎崇厚充出使俄國大臣，索還伊犁。這伊犁地方，便是天山北路的疆域，前時回匪擾亂陝甘、關隴一帶，幾乎陸沉，還有什麼工夫去管西域？所以安集延酋阿古柏得乘間而入，俄羅斯也思染指，使發兵南下把伊犁占去，陽稱為中國防守，陰實懷一久假不歸的意思。至左宗棠進兵西域，逐去了白彥虎，困死了阿古柏，天山南北兩路一律平定。只有伊犁一帶被俄人所占，向索不理。順風順勢的左爵帥，那裡就肯罷手，因此要與俄人宣戰。左文襄好大喜功，筆下亦隨帶出。

兩宮太后因餉需支絀，征剿回匪的兵費，正是從外國挪借而來，此次不便輕舉妄動，只好令一位崇侍郎出使俄國，和平交涉。滿望他折衝樽俎，仗著三寸不爛的舌頭，把伊犁好好索回。誰知這崇侍郎膽小如鼠，到了俄國，被俄外部數語恫嚇，弄得低首下心，毫無威勢。他想是奉了朝命來索伊犁，總教伊犁索還，別樣權利，都可拱讓。俄人要索償銀五百萬盧布，崇厚照允；俄人要索伊犁西境的霍爾果斯河左岸，及南境帖克斯河上流地，崇厚亦照允；俄人要在嘉峪關及吐魯番等地方添設領事，蒙古各地及天山兩路通商，概許免稅；還有行輪運貨、勘界立碑等條件，統是益彼損我，崇厚無不照允。共約十有八條。崇老可謂慷慨！

這條約諮報總署，就是麻木不仁的王大臣，也要驚駭起來。其時，有一班清流黨，如李端棻、張之洞、張佩綸、寶廷、王仁堪、盛昱等人，或居臺院，或列詞林，統是紙上談兵，直言敢諫。抑揚得妙。聞了這次約章，人人氣憤，個個眉揚，大家都仗著這個管城子，做成幾篇好奏摺，呈將上去。內容的詞意，無非是立誅崇使，硬抗俄人。詞源倒流三峽水，筆陣橫掃千人軍，把兩位垂簾聽政的皇太后，也有些躍躍欲動的情形。當下將崇厚革職逮問，並遙詢左宗棠和戰事宜。左公本是主戰，一篇復奏約有數千言，駁得十八條約款十七條都不可許，只有第一條歸還伊犁，乃是應分的事情，不加一語。唯結末有「先申議，後決戰」兩語，比內臣較為懼重。因此兩太后依議將崇厚逮還，換了一個曾襲侯紀澤。

紀澤系曾國藩長子，官居大理寺少卿，曾出使英法兩國，專對稱長，不辱君命。這是名實足副的考語。此次奉使改約，實是一個極難題目。看官試想，已成條約，還想翻他轉來，難不難呢？況俄人得步進步，正是蠶食鯨吞的時候，若要他虛心下氣來從中國，除非中國有幾個偉人，能壓倒俄國君臣，方能達到目的。曾襲侯已仰承帝簡，不好推辭，只得勉為其難，跋涉煙波，赴俄都聖彼得堡去了。清廷主戰的奏摺還是紛至沓來，獨恭親王老成持重，奏明兩宮，把各員奏摺，暫且留中，俟曾襲侯到俄理論後，或戰或和，才好定奪。兩宮太后頗從諫如流。只俄國聞得逮回崇厚，改任使臣，不待曾襲侯到俄，便派遣軍艦來華遊弋，並令占據伊犁的俄人，戒嚴以待。於是清廷又防個不了，急令北洋大臣李鴻章籌備艦隊，完固海防；巡閱長江水帥彭玉麟操練水軍，整頓江防；山西巡撫曾國荃調守遼東；三品卿銜吳大澂赴吉林督防；並命劉錦棠幫辦西域軍務，與左宗棠相機而行。兩下里正在相持，曾襲侯到俄，與俄外部開議。適值原議俄使布策簡放來華，總理衙門防他來京饒舌，飛電令曾襲侯截回布策，在俄定議，免得一番糾纏。人為其難，己為其易，都是好良心。曾襲侯接電後，忙往俄外部商議，令其追回布策。俄署外部尚書熱梅尼，遇事圓融，允將布策追回。

辯論了好幾日，布策不從，險些兒雙方決裂。左宗棠卻要舁櫬以行，與俄國決一死戰。俄國聞到此信，卻也有些膽怯。俄皇自黑海還都，諭令外部略從退讓，另派大臣吉爾斯，與曾襲侯妥商。吉爾斯貌似和平，胸中頗有成竹，雖允讓數端，大旨仍不肯放鬆。虧得皇天有眼，看曾襲侯一片苦心，要成全他一生的令名。偌大的俄國皇帝被虛無黨刺傷，竟爾長逝，俄國幾釀成內亂。到了新皇嗣統，國事暫定，曾襲侯乘機續議，方才有些眉目，將崇厚所定之前約，改換了好幾條：伊犁南境悉還中國；西北界務，不據崇厚所定之界；俄國領事僅在吐魯番添設一員；天山南北路互市，改均不納稅為暫不納稅；餘如行輪勘界等件，亦各有變更。議定奏聞，盈廷大悅。䰟語。電發諭旨，有該大臣握要力爭，顧全大體，深為不負委任，即著照此定約、畫押等語。曾襲侯依旨奉行。易玉帛為冠裳，化疆埸為壇坫，依舊是承平歲月，浩蕩乾坤。

到了光緒十年，改新疆為行省。二十二省中，又增了一省。臣下歌功頌德，都說是兩宮太后的洪福。只曾襲侯思深慮遠，於簽約時申奏清廷，大要謂：俄為強國，今遣一介使，馳一紙書，取已成條約，多半更改，將來看作尋常，以為中西交涉，無難了事，後必有承敝的一日。臣意為兵端將開復息，有關氣數，氣數不可預知；條約已定復更，應視邦交，邦交不可常恃。所以臣到俄以來，將辦事艱難情狀，先後直陳，不敢稍隱。此後應請旨密飭海疆暨邊界諸臣，慎重交際等語。朝野嘆為至論。確是名言，中國能奉為箴銘，何至一敗塗地。無如中國的人情，多是虎頭蛇尾，臨急時似乎要立刻整頓，到了事後，仍然因循翫忽，毫不見一點精神。外人謂中國人熱心，只有五分鐘，乃是的確公評。中國人聽著！

話休敘煩。且說西域交涉，正要蕆事，京內外臣民，都額手相慶，不料宮中頒降諭旨，竟將步軍統領榮祿革職，驅逐回籍。廷臣大半驚疑，統說榮祿是西太后倖臣，從前由熱河扈蹕回京，全仗他保護慈躬，途中得以無事；至穆宗駕崩，入宮定策，他亦與聞，應上文。如何今日遭此重譴？後來細細探問，方知他事涉穢褻，觸怒西太后，因有此不測的罪名。原來榮祿得寵以後，兼管內務，得隨時出入宮廷。宮中所有妃嬪，統是青年守孀，春宵寂寂，良夜迢迢，未免有些耐不住的情況。這榮統領器宇深沉，英姿颯爽，在宮中往來，又是一團和氣，日久面熟，不顧嫌疑，遂有些不尷不尬的蜚議，傳到西太后耳中。西太后親自調查，果見榮祿與某妃有送寒偷暖的事情，不由的心中大怒，立命將他攆出。榮祿去後，西太后失一臂助，又不免日後思念，只因他犯罪太重，不好驟行起復，以致榮祿沉淪原籍落魄了六七年。大約先交桃花運，繼交墓庫運。

是年祭文宗陵，兩宮太后都親去拜奠。東太后以文宗曾有元妃，虛左以處，自己列於右次，令西太后隨立下首。西太后拂然不樂，東太后見她色變，便道禮應如此。旁人還驚愕不解，究竟西太后心性聰明，料知東太后意見，無非因文宗在日，與東太后尚有后妃之別，所以不容並列，當下忍著氣，耐著性，不與爭論，匆匆祭畢，即行還宮。後來越想越恨。還有這個刁鑽陰狡的李蓮英，從旁媒孽，離間兩宮，反說榮祿被譖，也是由東太后設法陷害，陰折西太后的右臂。蓮英想自居左臂矣。西太后怒上加怒，復憶起小安子一案，統由東太后主持。新舊生嫌，百感交集，遂與李蓮英定計，要報仇雪恨了。俗語說得好，明槍容易躲，暗箭最難防，好好一位賢太后，要收拾在她手中哩！俗語有云：

畫虎畫龍難畫骨，知人知面不知心。

畢竟東太后後來如何，看小子下回交代。

本回敘吳可讀屍諫，及曾紀澤改約事，似與西太后無關，實則皆自西太后致之。西太后不立光緒帝，則承穆宗後者，必為穆宗之猶子，繼嗣即繼統，何容擬議！吳侍御自不必輕生矣。至若曾襲侯之赴俄改約，實由崇厚辱命所致。當時國家政令，多由西太后主張，遣使時，早為審慎，則後來之種種手續亦可無庸，吾故曰：此皆西太后致之也。世有以吾言為周內者，諸尋繹本回自知。

東太后中計暴崩　恭親王遭讒去職

卻說東太后秉性坦白，素無城府；遇事又退讓居多，爭執甚少，所以與西太后訓政數年，形式上似尚聯繫。因安得海被戮，李蓮英構讒，方成嫌隙。其實西太后暗中生心，東太后仍毫無成見，所以全不預防。誰知這西太后實是厲害，懷恨愈深，韜晦益甚，外面陽作歡容，與東太后特別親呢。會東太后罹小疾，宣御醫入宮診治。服藥數劑，並無效驗，西太后恰常往問視，曲示殷勤。又挑選了上好人蔘兩支，為東太后親自煎汁，服後少愈。越宿，東太后起床梳洗。時方八句餘鐘，由宮監入報，長春宮太后來了，東太后忙起身要迎。只見西太后已經進來，笑吟吟道：「今日慈躬可痊癒否？」東太后道：「今日已好了不少。累承顧視，深抱不安！」西太后道：「這有什麼要緊。但願慈躬早日復原，朝政一切，也可公同商決。」東太后道，「今日退朝為什麼這般早？」西太后道：「今日沒有什麼要政。因為惦念慈躬，所以立命退朝。」正說話間，東太后梳洗已畢。兩下里奉茗遞煙。西太后微露左臂，恰有寸帛纏住，映入東太后眼簾。便問她：「何故纏帛？」西太后忙把衣袖垂下，似恐東太后窺見，做出一副遮遮掩掩的情形，口中又故作囁嚅狀，好計策。偏偏動了東太后疑心，越要詳問底細。中她計了。西太后又說道：「此刻不便明告，且待慈躬康健，再當瀆陳。」東太后發急道：「我已沒有什麼病患，今日與我說明，我心越加爽快，病體越加安適了！」西太后聞言，故意的把鳳目一睃，復將左右一瞧。東太后會意，便命宮侍退出，迫令西太后詳告。西太后道：「昨日參汁中，曾割臂肉一片同煎。」東太后聽到「臂肉」二字，不禁起立道：「臂肉可割麼？」西太后道：「平時讀史，嘗見有刲股療親事，仿著一行，果蒙上蒼鑒憫，安及慈躬，總算不虛此割了。」東太后道：「我病漸瘳，你臂忍痛，我心如何放得下！」說至此，便去攜西太后左腕。西太后連忙讓開，微顰道：「不妨，不妨！我已用良藥敷上，昨晚已止痛呢！」說得很像。東太后不覺感極而泣，且道：「如此存心，先皇帝尚有疑慮，真是好人難做了！」言已，即轉身向臥室中去了。好一歇，又出來想見，手中執著一籤，遞與西太后。西太后接過瞧畢，手腕都顫動起來。想是左腕覺痛之故！看官，你道是何籤？乃是文宗顯皇帝親書的朱諭，內寫著：「那拉貴妃如恃子為鑾，驕縱不法，可按祖宗家法治之，毋得寬貸。特此留諭。」西太后往時，曾聞東太后口風，有這密旨，所以時常留意，處處防著。此次詐言割臂，實是為此而來。及見了這道密旨，愈覺驚心，默唸神明庇佑，祕計得行。意欲將密旨取去，奈東太后未曾允給，不好擅取。沉吟少頃，竟交還東太后，面上仍不動聲色，隻眼睜睜的望著。但見東太后取了此紙，放入爐中，霎時間，被火所爇，化作白灰。西太后到此只覺由頂至踵，沒一處不暢快，便向東太后斂衽嗚謝。東太后慌忙答禮，轉申謝悃。續談數語，西太后便歡天喜地的去了。

過了數日，東太后病已痊癒，與西太后一同視朝。朝罷，各自回宮。午膳後，東太后帶著宮監，靜悄悄至長春宮，擬去道謝盛意。冤冤相湊，宮監們多去午餐，只有一小太監站立門首，見東太后到來，請安畢，欲入內稟報。東太后已揚長入內，搴帷進去。見西太后與李蓮英並坐，西太后蹻著左足，置蓮英膝上，蓮英用手搦著，兩人唧唧噥噥，不知說著什麼。春色撩人。忽聞帷鉤聲響，珠玉瑽琤，方覺有人進來。瞧將過去，乃是東太后。西太后縮足不迭，待至放下，東太后已走近身前，連忙起身相迎。李蓮英也嚇了一大跳，起立一旁，把請安的禮節，竟致失記。東太后本懷著敬意，竭誠而來，瞧著這般情形，不覺變了懊惱，竟向李蓮英道：「你也太不成體統了，為什麼與太后並坐？」蓮英尚未答言，西太后便代答道：「我近日雙足見痛，所以叫他捶著，他立捶不便，因此從權給坐。」東太后道：「我朝定製，防範中官，很是嚴密。為恐中官擅權，要蹈前明覆轍，近之不遜，遠之則怨。這是不便輕縱的？」西太后想出言辯駁，一時又無詞可說，只得怒向蓮英道：「承值的宮監到何處去了？你是本宮總管，為什麼不去查問？」蓮英唯唯趨出。東太后又語西太后道：「李監權勢太大，宮監們都稱他九千歲，這也不可不防。」此言實是好意。西太后嘿然不答。東太后見她不悅，就匆匆告辭，連初意都未宣告，一直回宮去了。

次日，西太后竟不視朝，只稱有疾。自光緒六年冬季，直至七年仲春，簡直是杜門不出，終日深居。虧她忍耐。就是元旦、元宵，宮中這麼熱鬧，她也推說有病，未曾出來。東太后常去探望，只說是腰足痠痛，不能行動。何不說是左臂痛。御醫日日進診，吃了許多杜仲、牛膝，毫不見效。未知她曾飲下否？光緒七年二月，詔各省督撫進良醫。直隸總督李鴻章，兩江總督劉坤一，湖廣總督李瀚章，皆奉詔徵醫，給資入都。各名醫入宮診脈，也不識是何病源，開了幾個不痛不癢的方子，呈將進去。也不知西太后服了誰方。

東太后獨自視朝，已經數月。到了三月初十日辰刻，召見軍機大臣。恭親王奕訢，大學士左宗棠，尚書王文韶，協辦大學士李鴻藻等，聯翩入見，東太后垂詢數語，慈顏和怡。恭王以下，據事奏明，即行退朝。到了午後，忽內廷有旨傳出，立召樞府諸人速進。各王大臣等不知何因，急忙趨入。至朝房，方有太監傳說，東太后駕崩了。恭王驚訝道：「退值不過五小時，為何有此暴變？」此時左宗棠亦奉命馳至，聞恭王言，便道：「辰刻覲見太后慈容，並無疾色，不過兩頰微赤，難道數小時間就致大行麼？況向例太后不豫，必傳御醫，醫方藥劑悉命軍機檢視，為什麼全然未聞？」恭王道：「且至宮中看明，自然知道。」於是魚貫而入。到了鐘粹宮，見西太后坐矮凳上，形容並未憔悴，態度不見倉皇。明系假病。各王大臣向她行過了禮，分立兩旁。但聞西太后道：「東太后向無大病，日來也不聞動靜。忽然遭此變故，真是令人難測！」各王大臣相率頓首，統把虛言勸慰。只恭王奏請道：「東太后大行，想尚未曾小殮，例應傳她戚屬，入宮瞻視。」西太后道：「已小殮了，你等可去瞻視一番。」恭王奉命率各大臣進內寢，只見東太后面色如土，目未全瞑。穗帳淒清，孤幃慘淡。各王大臣睹這情形，不知不覺地流下淚來。當下舉哀齊哭，寢側妃嬪人等亦一律嚎啕。約數刻，西太后也進來道：「已死不能復生，哭亦無益；你等不如出議喪禮，教辦理周到一點，便算對得住東太后了。」語帶蹊蹺。左宗棠滿腔不悅，只是不便開口，沒奈何隨著大眾怏怏出宮，到了軍機辦事處，還思與恭王追究病源。恭王道：「也不必說了，現擬遺詔要緊。」便由李鴻藻起草，擬定數行，恭王等統共瞧過，隨著宮監進呈西太后。有頃，宮監復捧遺詔出來，約已易過數字，當即抄發出去。其文道：

> 予以薄德，祗承文宗顯皇帝冊命，備位宮壺。迨穆宗毅皇帝寅紹丕基，孝思純篤，承歡奉養，必敬必誠，今皇帝入纘大統，視膳問安，秉性誠孝。且自御極以來，典學維勤，克懋敬德。予心彌深欣慰！雖當時事多艱，旰宵勤政，然幸氣體素深強健，或冀克享遐齡，得資頤養。本月初九日，偶染微痾。皇帝侍藥問安，祈予速痊。不意初十日病勢陡重，延至戌時，神思漸散，遂至彌留。年四十有五。母儀尊養，垂二十年，屢逢慶典，迭晉徽稱，夫復何憾！第念皇帝遭茲大故，自極哀傷。唯人主一

身，關係天下，務當勉節哀思，一以國事為重，以仰慰慈禧端佑康頤昭豫莊誠皇太后教育之心。中外文武恪供厥職，共襄郅治。予靈爽實與嘉之。其喪服酌遵舊典：皇帝持服二十七日而除。大祀固不可疏，群祀亦不可輟，再，予以向儉約樸索為宮闈先，一切事關典禮，固不容矯從抑損；至於飾終遺物，也可稍從儉約者，務惜物力，即所以副予之素願也。故茲詔諭，其各遵行。

這道遺詔經西太后竄改過的，也不知是那幾個字眼，小子無從證實，不敢妄談。只西太后徽號，上文敘過的尚只六字，此詔內加入四字，小子前未敘明，不得不於此補入，昭豫二字，乃四十萬壽時加添的；莊誠二字，乃光緒帝即位時加添的。東太后崩後，謚法擬定孝貞二字，西太后並不持服。或說是西太后密令進鴆；或說是暗囑御醫用藥不對病的方劑，藥死東太后。小子不好妄斷，只人云亦云罷了。敘述清楚。

喪葬既畢，西太后處置國政獨斷獨行，任所欲為。只嫌左宗棠自仗老成，常多建白，竟命他出督兩江，把劉坤一暫且投閒。越年，直隸總督李鴻章丁母憂，命張樹聲署理督篆。適值朝鮮內亂，張署督聞風調將，遣提督吳長慶、丁汝昌等赴朝鮮。原來朝鮮國王李熙，以支派入承大統，本生父大院君李是應素攬大權。後來國王娶了一個閔妃，才貌超群，國王很是愛她。一人有福，帶著千人上屋，因此閔氏子弟陸續登用，把大院君的權勢，漸漸奪去。大院君原是懷恨，大院君的黨羽尤為失望。巧值兵士索餉致變，亂兵怨吏，集作一堆，舉大院君為主，攻進京城，揚言入清君側，逢人即剁。不管什麼閔不閔，統賞他一刀兩段，就是香肌玉骨的閔妃，也被砍作肉泥，並將國王禁入密室。當下殺得興起，又四出焚掠，毀壞日本使館，殺了日本人數名。日本發兵到朝鮮，偏被清將走了先著，將大院君誘入營內，執送天津，並將他黨人殺掉一百多個，至日兵入朝京，京內已煙消霧解。那時日人不好妄動，只要朝鮮賠償人命，築還使館。清將擄了大院君，已是喜出望外，管什麼朝日交涉！朝鮮自與日本講和，償金開埠，定約而去。朝鮮為我屬國，如何令它自由立約。大院君解到天津，張樹聲著人飛奏，請旨發落。朝議紛紛不一，獨西太后恩威並用，特沛綸音，命將李是應安置保定，好生看待；又令提督吳長慶，暫時駐兵朝鮮。日本聞清兵駐紮，那裡還肯放手，自然也遣兵代戍，與清兵勢成犄角，兩不相下，免不得日後生事了。預伏下文。

中外承平，萬機無闕。臺官等沒有事情，只探聽貪官汙吏訊息，訐奏了好幾本：戶部堂官景廉、王文韶，均以失察被譴。侍郎寶廷典試福建，路過江心，巧碰著一個民女，芙蓉為面，楊柳為腰，他竟戀戀不捨，仗著自己財勢，買為側室。名為清流，實同濁流。御史風聞此事，又上一本彈章。寶廷忙自請處分，已是下旨革職。其時慷慨敢言，筆鋒犀利的人物，要算清流黨魁張佩綸。西太后嘉他忠直，立擢為都察院左副都御史。劾人不劾己，樂得做點好名聲。佩綸上疏固辭，優旨不許。為中法開戰張本。輦轂以下，又家誦口祝，說什麼主聖臣直，國泰民安，西太后聞這頌辭，欣慰的了不得，竟把張佩綸作為盛朝柱石，聖世良臣，特別青眼看待。

會越南事起，法人攻越，殺得越人大敗虧輸，喪師失地，不得已與法定約，認為法人保護國。又是朝鮮之續。清廷以越南為我藩屬，法人不得擅奪，遂由總理衙門出面與法使交涉。適李鴻章起復原職，保奏張佩綸具外交才，不妨重任。西太后覽奏合意，遂命佩綸在總理衙門行走，準備著唇槍舌劍，嚇倒法人。誰意法人仗著實力，一些兒不去怕他，任你筆舌交乘，簡直是我行我事，毫不理會。景廷廣十萬橫磨劍，有何明處？一日又一日，已是光緒十年。是年冬季，為西太后五旬壽辰。元旦降旨，已命禮部衙門，敬謹籌備慶祝事宜。過了數日，左宗棠因病開缺，朝旨調曾國荃署督兩江。又命彭玉麟往粵，會同雲南巡撫唐炯，廣西巡撫徐延旭，辦理海防，籌劃越南事務。軍機處與總理衙門，因中法交涉日棘，議和議戰，正在倉皇的時候，忽降諭內閣，道：

朕奉慈禧端佑康頤昭豫莊誠皇太后懿旨，現值國家元氣未充，時艱猶巨，政多叢脞，民未敉安，內外事務，必須得人而理，而軍機處實為內外用人行政之樞紐。恭親王奕訢，始尚小心匡弼，繼則委蛇保榮；近年爵祿日崇，因循日甚，每於朝廷振作求治之意，謬執成見，不肯實力奉行，屢經言者論列，或目為壅蔽，或劾其委靡，或謂簠簋不飭，或謂昧於知人。本朝家法綦嚴，若謂其如前代之竊權亂政，不唯居心所不敢，亦實法律所不容。只以上數端，貽誤已非淺鮮，若仍不改圖，專務姑息，何以仰副列聖之偉業貽謀！將來皇上親政，又安能臻諸上理。言念及此，良用憫然。恭親王奕訢、大學士寶鋆，入直最久，責備宜嚴。姑念一系多病，一系年老，茲特錄其前勞，全其末路。奕訢著加恩仍留世襲罔替親王，賞食親王全俸，開去一切差使，並撤去恩加雙俸，家居養疾；寶鋆著原品休致。協辦大學士吏部尚書李鴻藻，內廷當差有年，只為囿於才識，遂致辦事竭蹶；兵部尚書景廉，只能循分供職，經濟非其所長，均著開去一切差使，降二級呼叫。工部尚書翁同龢，甫直樞廷，適當多事，唯既別無建白，亦有應得之咎，著加恩革職留任，仍在毓慶宮行走，以示區別。朝廷於該王大臣之居心行事，默察已久，知其決難振作，誠恐貽誤愈重，是以曲示矜全，從輕予譴。初不因尋常一眚之微，小臣一疏之劾，遽將親藩大臣投閒降級也！嗣後內外臣工，務當痛戒因循，各抒忠悃。建言者秉公獻替，務期遠大，朝廷但察其心，不責無跡，苟於國事有補，無不虛衷嘉納；倘有門戶之弊，標榜之風，假公濟私，傾軋攻訐，甚至品行卑鄙，為人驅使，就中受賄，必當立抉其隱，按法懲治不貸。將此通諭知之。欽此！

王大臣等瞧著此諭，無不驚訝。都說現在外交吃緊，國務倥傯，如何有此特旨？別人革職降級，還是沒甚要緊，如恭王爺諳練老成，如何令他退閒？況恭王並未多病，諭旨從何處得來，這真出人意外。有幾個與恭王莫逆的大臣，赴恭邸慰問。恭王微笑道：「我早知有今日了，東太后崩後，我已防有此著。忽忽間已隔三年，還算慈恩高厚。諭旨責我委蛇保榮，我也承認。我若不是這般做法，恐怕閱三月就要發作，那裡能延到三年哩！唯近今時事多艱，交涉日亟，還望諸位竭忠報國。我雖退閒也很感激呢！」語有含蓄，然忠心恰還未泯。諸人俱稱遵命。又慰藉了數語，告別去了。

恭王遂退出政界，反樂得優遊卒歲，遵養晦時。小子恰有一詩道：

自古功高易受嫌，何如歸去效陶潛！
懿親且爾遑他問，為囑群臣口早箝。

恭王退職，朝政如何處置，容俟下回交代。

東太后與恭親王，西太后之所深嫉也。詐稱割臂，密囑進鴆，輿議幾同一律，並非作者無端臆造。現此可知西太后為人陰險實甚。世間最毒婦人心，豈虛語哉。東太后崩，西太后捽去恭王，易如反掌。其所以隱忍不發者，一則自顧懷慚，既死東宮，不應遽斥親王，以致反唇相譏；一則國際清時，無詞可借，姑待變故發生，方可論罪予遣也。至中法之交涉起，借力圖振作為名，可以罷斥恭王，並其黨而盡去之。其處心積慮，可謂深矣。春秋以誅心為主，是書亦取法春秋也。

奉慈命爵帥主和議　隨醇王總監閱兵操

卻說西太后既罷斥恭王，並將寶鋆、李鴻藻等亦降罰有差。隨命禮親王世鐸，戶部尚書額勒和布、閻敬銘，刑部尚書張之萬，入直軍機，工部侍郎孫毓汶，在軍機大臣上學習行走。並命有緊要事件，與醇親王奕譞商辦。奕譞本是個拘執不化的人，聞了此旨，即入宮見西太后，磕了無數的頭，堅請收回成命。西太后道：「你以為跡涉嫌疑，不便與聞國政麼？須知皇上尚未親政，諸事由我作主，你不妨會議要事。等到皇上親政，自當再降懿旨。你去好好兒辦吧！」奕譞不便力辭，只得唯唯趨出。越日，即有左庶子盛昱、右庶子錫鈞、御史趙爾巽奏摺，次第呈入。奏中所說，三人一律，無非說是：醇王入直內廷，皇上容有未安；若令樞臣就邸會商，國體亦有未協，等語。盛昱且引嘉慶帝諭旨，有「本朝自設立軍機以來，向無諸王在軍機處行走。良以親王爵秩較崇，功無可賞，過不便罰，因有此諭。近如恭親王參贊軍機，不過暫時權宜；醇王又非恭王可比，伏懇收回成命。」云云。西太后不允，降諭如下：

本日據盛昱、錫鈞、趙爾巽等奏陳醇親王不宜參預軍機事務各一折，並據盛昱奏稱仁宗睿皇帝聖訓，有諸王向無在軍機行走等因。聖謨深遠，允宜永遵。唯自垂簾以來，揆度時勢，不能不用親藩，進參機務。此不得已之深衷，當為在廷諸臣所共諒。本月十四日，諭令醇親王奕譞與諸軍機會商事件，本為軍機處辦理緊要事件而言，並非尋常諸事，概令與聞，亦斷不能另派差遣。醇親王奕譞，再四推辭，碰頭懇請，當經曲加獎勵，並諭俟皇帝親政，再降懿旨，始暫時奉命。此中委曲，爾諸臣豈能盡知耶？至軍機處政事，委任樞臣，不準推諉，希圖卸肩，以專責成。經此次剴切曉諭，在廷諸臣，自當仰體上意，毋得多瀆。盛昱等所奏，應毋庸議。欽此！

自這諭下後，廷臣知慈意已定，不便多講，又弄得啞口無言。西太后複選出一個懿親來，叫他管理總理各國事務衙門事務。看官道是誰人？就是將來權勢燻灼，與清俱亡的慶親王奕劻。下筆起勁，不特著外交失敗之始，並且示清社覆滅之機。並命許庚身、閻敬銘均在總署行走。

西太后總道任用得人，好將法越交涉容易了結。不料中法交界的鎮南關外，已與法人開戰，連戰連敗，徐延旭、唐炯等均退入關來。小子前回於法越交涉，尚未交代明白，至此只好補敘。越南亦稱安南，乾隆時國王阮光平入覲，受清冊封。傳子光纘，為廣南王阮福映所滅，仍認中國為宗主國，照常入貢。福映得國時，嘗借法人幫助，約割地為謝，且許法人自由通商。後來越南不盡如約，法國屢次攻進。越南情願踐盟，法人反不肯允，得步進步，要求無厭，弄得越南無法可施。和不肯和，戰無可戰，國王阮福時及阮福升先後憤死。立了一個幼主福膺，年僅十二，有何能力？只得聽法人調排，願認為法人保護國，並割讓好幾處疆域。等到清廷聞知，木已成舟，挽回無及。徐延旭、唐炯奉命出關，俱被敗退。西太后把他兩人革職拿問，命湖南巡撫潘鼎新接辦。適有粵海關司美人德璀琳，願任調停。乃派直督李鴻章，與法國水師總兵福祿諾，開議和約，由德璀琳作居間人，議訂五款，大略為不侵犯中國南界，撤還北圻各防營；不索賠兵費，不妨礙中國體面。鴻章奏聞，西太后本惡勞喜逸，總教面子過得去，不妨將就承認，遂令鴻章畫押。只福祿諾臨行時，與鴻章說明，要派隊巡查越境。鴻章模稜兩可，法人就認作默許，自由行動，中外交之失敗，往往由此。被臺官得了訊息，奏劾鴻章匿不上聞，有欺君誤國的大罪。西太后雖下旨申飭，暗中卻著實袒護。時潘鼎新出駐諒山，與法兵相遇，兩下齟齬。法兵以遵約巡邊為名，偏偏鼎新要阻他自由，說不明白，自然動起蠻來。打了一仗，法兵敗北，法遂遣巴德諾到上海責清廷背約，並請續議。詔授江督曾國荃為全權大臣，與巴德諾會商。國荃議給撫卹銀五十萬兩，又被言官攻斥，和議無效。法提督孤拔，竟率兵艦東來；駐京法使謝滿祿，下旗出京。於是清廷不得已下旨宣戰，命曾國荃督辦江防，內閣學士陳寶琛為會辦；起左宗棠為欽差大臣，赴福建督辦海防，翰林院侍讀學士張佩綸為會辦；飭雲貴總督岑毓英，督同巡撫潘鼎新，準備前敵；又特賞劉永福提督銜，令他衝鋒效力。這劉永福本是太平天國餘黨，以黑旗為標識，時人叫他黑旗長毛。他因太平天國滅亡，竄入越境。越南王見他膂力過人，封為三宣副都督，令他防堵法人。至法兵入境，越南沒人敢當，只劉永福率著死士與法兵連戰，幾次殺死幾員法將。清廷也聞他威名，因此逾格加賞，邀作臂助，復恐各師出關，粵中空虛，特授彭玉麟為兵部尚書，給欽差大臣關防，馳驛防粵；並因臺灣孤懸海外，首當敵沖，立賞劉銘傳巡撫銜，督防臺灣軍務，嗣復授為閩撫，暫駐臺南。一班中興名臣及後起將士，逐隊南下，受牙璋以起眾，誓掃妖氛；揮猛士以圖功，期銘銅柱。筆大如椽。不意左宗棠方才到閩，張佩綸業已喪師，馬江兵艦被法將孤拔幾燒得一隻不留。可見空言不足禦敵。法兵乘勢擾臺灣，等到劉銘傳至臺，基隆已失守了。越年正月，諒山又陷，提督楊玉科陣亡，潘鼎新退入鎮南關。警報陸續到京，西太后不禁大怒，把張佩綸革職充戍；潘鼎新亦坐罪奪官；別遣提督蘇元春督辦廣西軍務，馮子材為幫辦。

正在黜陟並行的時候，忽報朝鮮又亂。忙飭直督李鴻章注意朝事，令北洋會辦吳大澂赴朝查辦。寇深矣，可奈何！朝鮮自前次亂後，曾遣大使樸詠孝，及副使洪英植、金玉均至日本謝罪。三人見日本維新，歸謀變法，組成東學黨，兢勸朝鮮國王取法東瀛。奈有守舊黨人閔泳駿，系椒房貴戚，前時僥倖漏網，至此又執政權，與東學黨反對。日本以有機可乘，聯結東學黨，嗾他獨立。東學黨信以為真，遂仗日本作靠山，變法固可，恃人則不可。召日兵入宮殺死閔泳駿，脅迫國王更新，組織新內閣。樸詠孝做了總理，金玉均做左相，洪英植做右相，用日兵嚴守宮闕。是謂養虎自衛。此時清提督吳長慶已調回遼東督防，繼任的提督乃是吳兆有，照會駐朝日使竹添進一郎，請協力鎮亂。日使不理，兆有正無計可施，巧有一位足智多能的營務幫辦代他畫策：分兵三路，去襲朝宮。得機得勢，殺了洪英植，逐去樸詠孝、金玉均，又將日本兵一概驅出。日使竹添進一郎料知不是對手，將使館自行焚去，潛避至仁川的濟物浦去了。看官欲問幫辦營務的姓名，就是後來民國大總統袁世凱。與奕劻遙遙相應，筆不嫌復。朝王李熙，被這一嚇，又遁至北門關帝廟中蒲伏存身。孱王可憐。後被清兵覓著，由袁世凱護送入宮。正在替他料理，欽使吳大澂方到。世凱回營，迎接欽使，免不得置酒歡宴。忽聞日本遣使井上馨，與朝鮮直接開議，要朝王償金謝罪。吳大澂忙去探問，井上馨尚說條約未定，誰知暗度陳倉，竟與朝王自行訂約。氣得袁世凱火星透頂，忙請大澂出去力爭，雙方相抗，幾致決裂。突接北洋大臣李鴻章來電，略說日本已遣使伊藤博文、西鄉從道，渡海東來，當與開議，不必在朝鮮相持等語。於是吳、袁兩人方才罷手。尋天津訂約，分為三款：第一條是中日仍歸和好；第二條是把中日駐朝鮮兵各盡撤歸；第三條是將來兩國派兵朝鮮，須互先行文諮照。條約既定，吳兆有等撤兵歸國。朝王李熙賠償日本損失銀洋十一萬元，算作了案。自毀使館，也要朝鮮認罪，真正晦氣。自是朝鮮國的宗主權已一半失去，西太后因朝日一案了結的這般迅速，頗悔前此中法交戰的失策。暗中示意李鴻章仍要勞他三寸舌，與法人議和息戰。為合肥分謗。

朝旨方有意息爭，清兵卻異常憤激，蘇元春、馮子材等仗著一股勇氣，戰勝法兵，奪回諒山；岑毓英亦親督大軍，鼓行前進，攻克臨洮，進搗河內。法將孤拔，雖攻陷澎湖，嗣聞越南敗耗，潛襲浙海，被浙江提督歐陽利偵悉，遣兵嚴守海口。孤拔一到，由守兵連開大砲，撲通撲通幾聲響，把法艦擊傷，孤拔連忙起碇，已是受傷斃命。這邊各處戰將正興高采烈，擬乘勝規復全越。誰料到直督李鴻章已與法使巴持納，在天津講和，飛檄停戰。作者謂為西太后授意，並非鍛鍊之詞，不然李亦中興名臣，胡一餒至此！眾將士統是不服，欽差大臣彭玉麟尤憤憤不平，痛詞奏阻，說有五不可和。駐英使臣曾紀澤，又電奏：法國內閣迭更，宗旨未定，若與他議和，定要還我越南宗主權。偏偏朝旨嚴下，如期撤兵，不得違誤。秦繆醜主和定議，嶽少保奉詔班師，差不多有這般景象。中法和議告成，結果是：中國承認法越條約，法兵不得過北圻與中國邊界，中國亦不派兵至北圻；所有留據基隆澎湖的法兵，一律撤退；中國允於雲南邊徼開商埠二處，與法人互市。這一番交涉，中國雖不償一金不割一地，然越南終為法有了。李肅毅伯鴻章負了賣國求和的惡名，連一向交好的彭、左諸公，也未免退有後言。其實統是西太后授意，上文已經敘過。但西太后索好體面，如何可戰不戰？這卻也有一段原因。前回說過光緒十年，乃是西太后五旬萬壽期，西太后本要鋪張揚厲，比四旬萬壽還想誇張數倍。事不湊巧，偏值法、日兩國統來開釁，草草的行了慶祝禮，慈衷很覺懊惱。所以決意主和，但求境內無事，便好安安穩穩的頤養過去。為繳足前回萬壽二字，所以有此補筆。

無如中國退一步，外人進一步，法得越南，英人遂進圖緬甸。緬甸當乾隆年間，國王孟雲亦嘗受過清廷冊封。至道光時，英並印度，與緬境相接，就乘勢蠶食，先把它南境的祕古地方占奪了去。至此乘中國多事，竟發兵直入緬京，廢去緬王，設官監轄。至滇督岑毓英奏聞，方命駐英使臣曾紀澤，與英外部會商。初思索還緬甸，英人不允；繼議立君存祀，英又不允；爭到唇焦舌敝，才允替緬入貢。這四字也是有名無實，總算顧著曾使面上，方有此說。

當時李鴻章因外勢日漸，奏請大治水師，增拓船廠。西太后勉從所請。一面命鴻章趕緊籌劃，一面命醇王奕譞總理海軍事務，並飭奕劻、善慶、曾紀澤會同辦理，隨設海軍衙門於京師。看官，你想奕譞生長天潢，深居簡出，連海上都未曾經歷，識什麼海軍不海軍？奕劻、善慶與奕譞差不多。只有曾襲侯紀澤航海出使，有些見聞，然是個專對才，不是個專閫才，就中籌備海軍的人物，還要算是老成煉達的李鴻章。當下公同商酌，先從北洋開手，擇定奉天省的旅順口，山東省的威海衛，作為軍港；向外洋定造了幾艘軍艦；招募兵勇，挑選選將弁督練，作為第一支海軍。天下事非錢不行，況這一番創辦的軍政，最少也要好幾百萬兩銀子。鴻章請撥鉅款，西太后常留中不發；迨至奏請再三，才由戶部勉強籌撥。鴻章要十萬兩，戶部只撥三四萬兩；鴻章要二十萬兩，戶部只撥六七萬兩。鴻章詰問戶部，無非說是國帑支絀，力不從心等語。自光緒十一年辦起，至十二年春季，勉勉強強的湊集幾艘軍艦。西太后忽令醇王奕譞赴津巡閱，並囑李總管蓮英隨往。要他去何意？諸君試掩卷一猜。

鴻章得此訊息，暗想李監隨來定有緣故。便札委幹員，準備行轅；並諄囑：行轅裡面，須布置兩個房間，一個房是住醇王爺，一個房是住李總管。醇王爺的房間，但教規模闊大，裝潢好看一點便可了事；李總管的房間須要特別精雅，寧密毋疏。幹員遵命去辦，約數日辦妥，回稟督轅。李鴻章自去檢點，到醇王所住的房，不過大略一瞧，轉入李總管住處，恰一樣一樣的挑剔，著幹員立即撤換。幹員也莫名其妙，只好奉令而行。待至安排妥當，方派幹員靜待碼頭，專等醇王等到來。約數日，醇王、李監一同來津，鴻章忙率屬員，親去迎迓，請過聖安，謁過醇王，再與李總管握手談心，殷勤道問。極寫蓮英聲勢。既入行轅，鴻章與醇王談了一回，無非說是整備海軍的現象。談畢，復至李總管住房，面詢宮闈情形。李總管道，太后有密旨，要我們傳諭伯爺，伯爺須要遵照辦理。鴻章會意，屏去侍從，與李總管密談良久，方才辭出。看官，你道是什麼密旨？乃是西太后有意歸政，要把清漪園舊址建築一園，作為娛老場所，苦於經費無出，想把辦理海軍的經費騰挪一半，移去造園。這時李鴻章聞到此旨，明知掩耳盜鈴，實非良策，且此事定系蓮英慫恿出來。閹人誤國，一至於此！奈西太后既已深信，勢不能不照辦，只得唯命是從。逢迎之咎，李伯爺亦無可辭！

翌日，醇王即校閱海軍，由鴻章下令會操，把所有的艦隊縱橫分合演了一番，惹得醇王眼花撩亂，也不知是好是歹，只謬獎了數語。確是謬獎。李蓮英隨著醇王，心中只想著金錢，連兵艦也不辨幾艘。混帳。又越日，鴻章復導著醇王，巡視北洋海口，何處可設炮臺，何處可泊軍艦，統由鴻章詳告，醇王不置可否，彷彿是皮裡陽秋。事畢回京，空費了許多銀兩。李總管不肯虛行，總要沾點利益，統共在海軍裡報銷。嗣是鴻章有所陳請，無不準行。並令各省疆吏歲撥定款，不得短少，但十成中挪移五六成，卻去築清漪園。頓時大興土木，限期完工，把清漪二字易作頤和。是年適直水災，有個昏頭磕腦的御史，奏請遇災修省，並以李監隨醇王巡閱，恐蹈唐代監軍覆轍等語。惱了西太后性子，降旨喝斥，並將他降補主事。正是：

多言畢竟遭時忌，落職還應感主恩。

欲知此人是誰，容待下回敘明。

中法之役，清廷猶可一戰，老成尚在，宿將未凋，因此戰事驟開，先敗後勝。李鴻章獨主和議，卒使越南輕喪，緬甸隨亡，豈中外大臣諸藎言，果不敵李爵帥之權力耶！著書人歸咎西太后，信是獨具隻眼。至於海軍創設，以醇王奕譞謀為總辦，實屬用非其人。前此參贊軍機，廷臣已議其不便，況兵戎大事耶！迨奉旨巡閱，乃令閹人同往，暗示祕旨，為一己娛養之圖，誤清之咎猶小，誤中國之害實大。鴻章逢迎為悅，亦失大臣以道事君之義。書法不隱，可作後起董狐。

幸名園嘉諭權閹　擬歸政指婚懿戚

卻說西太后怒及直言，把忠諫的言官，降為主事。其人乃是御史朱一新。一新落職，李蓮英越發寵榮。當下募工築建頤和園，由蓮英監督工程，自不消說。是時光緒帝年已十六，西太后意欲歸政，娛養園中。遂諭自本年冬至大祀圜丘為始，皇帝親詣行禮，並於明年正月，舉行親政大典。這諭一下，醇親王奕譞、禮親王世鐸，率領滿漢王公大臣，均奏請皇帝親政後，太后再行訓政數年。當蒙西太后俞允。想是園未築成。光緒十三年正月，舉行皇帝親政典禮。適值雨雪瀟瀟，各王公大臣等上殿朝賀，統是拖泥帶水的一班人物。天意如此，人事可知。筵宴了好幾天，總算親政禮成。臨朝時，光緒帝雖居正座，恰與傀儡相似，一切主張仍唯西太后是命。嗣時辦津沽鐵路，開漠河金礦，頒行出洋遊歷章程，把新政又創行幾條。只西太后深思熟慮，默唸皇帝親政，他日未免繫念本生。父以子貴，容易攬權，倘成第二個大院君，不但朝政可慮，就是自己退閒後，恐皇上也間斷孝思，不能享這清閒歲月。因此，對著醇王等人常有些鬱鬱不樂的情狀。醇王暗暗揣摩，料知西太后陰蓄疑團，索性乞病告假。西太后還疑他是假病，借視疾為名，挈著皇上親至醇邸問疾。雄猜之意可見。醇王恰也有些小恙，遇西太后駕至時，只著福晉迎迓，自己只在寢門外候駕，拜跪之餘，不免作喘籲狀。西太后慰勞備至，然心中還是未釋，託詞問病，至再至三。

越年二月，頤和園工程告竣。由李總管復旨，西太后嘉他迅速，諭於四月內臨幸。日月如梭，倏已孟夏。光緒帝恭奉西太后，幸頤和園。是日天氣晴明，惠風和暢，鑾儀衛排著鑾駕，扈蹕出城，各王大臣等一律擁護。既入園，但見瓊樓玉宇，復道琳宮，金碧輝煌，青蔥掩護，阿房不足比其麗，驪宮不足肖其宏。正是聚天下之大觀，權人間之勝境。總敘數語，已是富麗無比。西太后與光緒帝先至外殿小憩。殿額名曰仁壽，金蟠龍篆，彩煥螭頭，結構謹嚴，經營縝密。李總管隨著西太后，便跪奏道：「這是將來召見王公大臣的外殿。」西太后點著頭，且道：「現在尚是臨幸，你有奏陳，不妨立稟，加恩免禮。」李總管碰頭謝恩。起立後，侍西太后出殿，向東數步，又是一座殿宇，規模比仁壽殿略為逼狹，形式卻也壯麗。入殿門仰視匾額顏曰：「玉瀾堂」。李總管又啟奏道：「是處擬為萬歲爺駐蹕之所。」西太后道：「也好！」復從殿左穿入旁門，恰有深院七間，垂簾繞砌，縈砌盤階，別有一種幽雅氣象。西太后道：「這數間似一院落，曾擬名否？」李蓮英對道：「前奉懿旨，著奴才與翰苑諸公謹擬殿閣樓臺名目，奴才復旨時，已呈繪園中各處形景，並所有擬名，仰蒙慈鑒，此處擬名『宜藝館』，擬為將來皇后住室。」補入數語，園中所擬各名，方有著落。且因太后自殿左穿出來，及睹門外匾額，故借問對中敘明。西太后歡顏道：「虧你想得周到，但只有七間恐不敷用呢？」李總管道：「外面尚有東西二殿，以便將來皇后受覲。」西太后聞言出來，果見東西兩旁，分列數楹。東殿匾額有四字，乃是「藻繪呈瑞」，西殿匾額亦有四字，乃是「恩風扇長」。西太后又道：「玉瀾堂有無西殿？」李蓮英道：「有。」西太后就令李監引還，仍從玉瀾堂左門趨入，至玉瀾堂西殿。殿外有沼，波光涵翠，隱露荷錢。西太后仰了殿額，名「藕香榭」，隨道：「將來藕花盛開，定饒香氣，好算名副其實呢！」再從殿後穿出，行過復道數條，只見崇閣巍峨，層樓高聳，白玉飾梁，黃金鏤檻，規制異常，弘敞雕刻，很是玲瓏。兩階列著長春草、不老林，從蔥蘢蓊蔚中，築著這座殿宇，華而不俗，顯而寓幽。殿額上龍翔鳳翥中題著「樂壽堂」三字。西太后徐步上階，歷過數十級，方由階入殿。殿中所有陳設，已整備得停停噹噹，與別處大不相同。西太后道：「這處想是我的住所了！」李總管對道：「正是聖母頤養的正殿。」西太后復自外至內，細細查閱。到了殿後，有一所闊大的院落，泉石擁翠，林木鬱茂。正中擺著一塊玲瓏剔透的巨石，高可逾丈，厚約數尺，石上刻有「青芝岫」三字，四圍都摹名人詩字，雕刻極精。西太后走近石旁，摩娑諦視了一回，便向李總管道：「這石由來已久，聞是高宗純皇帝南巡時，出狩得此。確是世間罕有的奇石。」李總管應聲稱「是」。西太后道：「當時純廟愛著此石，由某巨家願任載運，報效國家。石至中道，某家財產已罄，嗣經地方官撥款續運，方得到京。這石的運費卻是很大哩！」李總管只連稱「是」字。說著已隨步出院。又行數步，望見一亭，翼然有致，名曰「含新」，左右統圍著芳草，靡蕪成綠，苔蘚涵青。西太后入亭小坐，向西眺望，即見層巒映翠，飛閣流丹，差不多如仙山相似。猛然憶起幼年夢景，不覺目眙神馳。應第二回。李總管瞧著慈顏，料知別有會意，只一時猜測不著。你也有猜不著的時候。便奏道：「萬壽山上還有許多點綴，隻日將晌午，請聖母回幸殿中，用過午膳，再行登山未遲。」西太后被他一奏，方覺得身在亭中。就襟上瞧著金錶，已是十一句鐘有奇。隨道：「我們且回殿吧。」既返樂壽堂，自鳴鐘上尚是十一點二刻。西太后樂而忘疲，便問李總管道：「戲臺造在何處？」念茲在茲。李總管對道：「在頤樂殿，便在這殿右側。」西太后道：「你且隨我來。午膳尚未，我先去逛一會子。」於是復出樂壽堂，到了頤樂殿。殿左有一圓門，顏曰「德和」，入了門，就見一個極高極大的戲臺，分上中下三層，造得異樣精緻。上層題額，系「慶演昌辰」四字，中層題額系「承平豫泰」四字，下層題額系「歡臚榮曝」四字。西太后喜慰道：「這個戲臺，比宮中的戲臺高大的多，四面又是紅牆回護，若叫譚鑫培、汪桂芬等名優，從此處唱起戲來，定可悅耳的了。」說罷，便至頤樂殿。這殿外低內高，亦作三層築造，與戲臺恰恰相對。太后瞧了很是合意，且語李總管道：「歸政後，我與你在園中終夕聽戲，何如？」李總管忙稱：「聖母鴻恩，奴才感謝不盡。」西太后又逛了一週，方回樂壽堂午膳。膳後小憩片時，即從殿後登萬壽山。這山在京城西郊，亦名西山，向為燕都勝景。西太后率著大眾，從含新亭歷級上去，李總管請乘輦，西太后偏願步行。約過了一個小坡，便見有一大曠地，築著清廈十餘間。中為「養雲軒」，左為「隨香殿」，右為「含綠殿」。叢林成障，秀石堆階，不落富麗俗套。軒後有廳，額署「意遲雲在」四字。西太后道：「好一個意遲雲在，頗合此間情景。」出了廳，行過了鐘式門，門上有石刻篆文。仔細辨認，乃是「川泳雲飛」。西太后回首俯矚下面，正是昆明湖。湖中亦有許多建築，就波光瀠帶中，映出雕甍朱檻，雀舫虹橋。便語李總管道：「這湖名是乾隆年間改定，從前叫做甕山湖。得此點染，湖山生色了。」西太后留心掌故，從此處寫出。又上行數十步，復見一軒，軒名為「無盡意」三字。東有「矙碧臺」，巍然高聳；南有「圓朗齋」，雅靜宜人。西太后略一逛視，又盤上石磴。兩旁統有曲折欄杆，扶欄而上，有亭曰「尋雲」，有軒曰「寫秋」，均別饒風致。再上為「排雲殿」，青松拂簷，綠槐繞砌，與山下各殿宇氣象不同。西院有「介壽堂」。西太后步入堂中，李總管奏道，「此間可以少安，請聖母暫憩。」西太后道：「不必，且至山頂休息。」慈躬強健，於此可見。隨即出堂，尋徑再登，仰望有一牌樓，南面書「眾香界」，北面書「祇樹林」。從牌樓越將過去，老樹參天，濃陰蔽日，中露一座佛香閣，四簷飛築，上矗雲霄。西太后行入閣內，覓梯登樓。樓上供白玉如來佛三尊，寶光奪目。當由西太后瞻謁畢，即向疏櫺外，恣意眺覽。遠望則全京形勢瞭如指掌，近矚則滿園景色盡在目前。山頂有一水泓然，清可鑑影，繞閣旁流成一大澗，彷彿與湖相似。西太后問李總管道：「這水可曾擬名否？」李總管對道：「已擬名『智慧海』。」西太后點頭稱善。復佇望了一會，方才下樓。那時侍從已呈進御點等物，由西太后挑選著可口的吃了數色，又命皇上也食了數枚，其餘賜與李總管等。各王公大臣等另有便點，毋庸細表。隨飲茗畢，便道：「我們下去逛湖吧！」李總管領旨，隨著出了閣，過了牌樓，另從西路下來，即有敞廳在前，顏曰「湖山真意」。西太后不遑入玩，自廳旁行過，下了數級，從日光斜映處透出一殿，梁瓦窗戶均用銅製，金光閃閃炫人眼目，匾上突現「寶雲閣」三大黑字。銅殿照著日光，確有此景。殿下復有數十階級。循階下去，旁有一谷，垣牆門壁，天然生成，蘅蔓牽絲，松蘿成幄，頓時觸動西太后奇癖，入谷遊覽，幽雅無匹。返觀谷口，石上鑿有三字，曰「松雲巢」。西太后喜道：「巢居穴處，好作葛天無懷氏了。」既而過借秋樓、綠畦亭，到了邵窩。小屋三椽，築在山坳裡面，塵氛不到，風味獨饒。再下越秋水亭、寄瀾亭，已至山麓。迤東有「聽鸝館」，館中亦築戲臺，雖不及頤樂殿的華美，到也曠敞異常。又過了對鷗舫、魚藻軒，便是昆明湖畔。築有船塢，疊石而成，高三層，名曰「石舫」，亦名「寶蓮航」。塢中泊有燈船數只。李總管挑選選了最大的一艘，請西太后及光緒帝坐著，餘外由大眾分乘。這時候已是夕陽將下，清風徐來，畫舫輕颺，綠波微動。西太后道：「可惜天色已將晚了。這湖頗覺廣闊，今日料不能遍遊，只好挑選著最清雅處，略逛一逛，便好回宮。」李總管道：「荇橋、玉帶橋兩處最擅勝景，先請臨幸便是。」西太后道：「先至荇橋，後至玉帶橋。」李總管傳旨出去，舟子奉命前往。好一歇，尚未見到，西太后不覺焦急起來，便道：「這種船實屬笨滯，須改換輪船方好。」李總管忙稱「遵旨」，一面催舟子速駛。舟子奮力駛去，又歷半小時，方到荇橋。李總管扶西太后登岸。岸下有東西兩牌樓。東牌樓東面，題「蔚翠」兩字，西面題「霏香」兩字；西牌樓東面日「煙嶼」，西面日「雲巖」。正中為穿堂殿。西太后上了殿階，環望一週，四圍皆湖水環抱，有小荷微露水面，嫩翠生姿。西太后道：「這與藕香榭相似，到荷花盛開時，方得佳趣。隨筆映帶。現已暮色凝煙，不應久戀，我們下船到玉帶橋去吧！」李總管即隨著下船。立傳啟碇，不一時，已至玉帶橋。紅霞相映，彷彿如一道長虹，橋有十七孔，無不高敞。西太后道：「這橋很是高大，將來若用輪船，倒也來往自如。」李總管道：「兩岸有好幾處佛殿，慈駕欲臨幸否？」西太后道：「日已下山，轉瞬昏暮，不如歸去，將來總常好來逛哩。」於是返棹回來，直至樂壽堂登岸。園中一帶已是燈火齊明，熒熒爗爗。西太后道：「這燈尚未盡明亮，若改用電燈才與白晝相似了。」有燈船要用輪船，有懸燈要用電燈，極寫西太后奢侈。李總管道：「奴才已想到這層，擬於園內東南隅，設一電氣房，專管園中電燈。現正與洋人商辦，大約下月就可告成了。」西太后輾然道：「從前築造圓明園，差不多要數十年。現在這園興築不過年餘，雖然規模闊大不逮圓明，也要算一個勝境。非你監督工程，那裡有這般迅速哩！」李總管立跪地謝獎。西太后傳諭起立。復侍西太后在堂中晚膳，膳畢，始啟鑾回宮。從逛園至此，成一大段落，極言建築瑰麗，為西太后好奢寫照。且太后目中只有李蓮英一人，問對時不參旁議，可見李監之專寵。書法不曰蓮英，恰稱總管，非譽之也，實以揚為抑耳。西太后很覺暢快，便一心一意的歸政皇上，自己好去園中駐蹕。覆命李蓮英督辦園中陳設，擇日駐園。李蓮英自然效力，採集古玩珍品，陳列整齊，飭船政局製造輪舟二艘，運泊船塢，命電工師裝好電燈，派人專管。布置井井，秩然不紊，真不愧為慈闈寵眷，靈囿功臣。

是時西太后的胞弟桂祥，洊任至副都統，生下一女，年齡與光緒帝相當。西太后暗想：本不欲立那崇女為同治皇后，只因東太后與恭王奕訢主張冊立，不得已從了他們，後來終成惡果。此番嗣皇立後，好由自己作主，旁人不得干涉。最好是親上加親，把胞弟的女兒配了皇帝，姑侄作為婆媳，定然不似那不孝的崇女。顧慮也算周到。主見已定，便宣召副都統桂祥，說明婚約。看官，你想桂祥是個庸庸碌碌的人物，只因是同、光兩朝的帝舅，椒房貴戚，平白地做到副都統，位居極品，何等榮耀！此時西太后復與女兒指婚，選為國母，做了現成國丈，錦上添花，重重喜氣，還有什麼不歡躍呢？當下奉旨謝恩，出宮回邸，述與妻女聞知，闔家欣悅。他女兒更不消說得。國風迨吉，方期琴瑟之諧，天語傳音，竟冠笄珈之選，一片芳心其樂陶陶了。誰知後來竟不終局。

到了六月，西太后特降懿旨，略謂：前時皇帝甫經親政，決疑定策，不能不遇事提撕；勉允臣工之請，訓政兩年。近來皇帝幾餘典學，益臻精進，於軍國大小事務，均能隨時剖決，措置合宜，深宮甚為欣慰。明年正月大婚禮後，應即親裁大政，以慰天下臣民之望，云云。王大臣等聞到這諭，既要籌辦大婚吉禮，又要謹備歸政大典，真是忙個不了。獨西太后已移駐園中，所有大小政務，統在園中裁奪施行。內閣軍機處以下各機關，也都遷入園內辦理，與一班梨園子弟，混跡同居。直把官場作戲場。

轉瞬間已是小春，由頤和園傳出懿旨：以副都統桂祥女葉赫那拉氏為皇后，侍郎長敘女他他拉氏為瑾嬪，次女為珍嬪，於翌年正月舉行。小子於首回中，曾敘過碑文讖語，有滅建州者葉赫六字。西太后系葉赫後裔，光緒皇后，又是葉赫那拉氏，一之已甚，乃至於再。近人曾有宮詞道：

納蘭一部首殲誅，婚媾仇讎笠脫弧。
二百年來成倚伏，兩朝妃后侄從姑。

欲知光緒帝大婚情事，且至下回再表。

築圓明園，至數十年而成，築頤和園不過一二載，李蓮英之督辦工程，信所謂迅速矣！然亦思雍、乾兩朝，國勢全盛，必限期告蕆，亦豈難事？其所由遲遲告成者，度其時，雍、乾二主猶惜物力，不忍以娛樂之場，迫之立就也。西太后勞民傷財，顧私誤國，反以經營之速，嘉諭蓮英，蠱惑實甚！本回逐敘園中情景，及一切問答，窮形盡相，已見細評。至於冊后一節，不脫私見，文中亦已表明，不贅述焉。

神機營赴園供校閱　祈年殿失火釀奇災

卻說光緒十五年正月，光緒帝大婚，冊立葉赫那拉氏為皇后。一切典禮，與同治帝立后相同，西太后加倍喜歡。副都統桂祥照例封承恩公，諸王大臣以下文武各官亦賞賚有差，各國駐京使臣、封疆將帥諸臣、前辦軍務諸臣、親貴諸臣、大婚執事諸臣、蒙古諸王公、內廷行走執事諸臣，俱蒙特賞；並賜祭已故諸臣，及從前滿漢殉難陣亡諸臣。皇恩浩蕩，徧及寰區。敘光緒命大婚，與上文十三回不同，又是一種敘法。大禮告成，即上西太后徽號，加入「壽恭」二字，又冊立瑾、珍二嬪。瑾嬪年十六，珍嬪年十四，娥英毓秀，併入深宮，也是一番盛遇。且兩嬪幼時，皆讀書家中，聘江西文廷式為師。廷式學問優長，有江左才子之譽。名師手下出高徒，所以瑾珍二嬪均通文史。珍嬪姿稟尤聰，貌甚秀美，入宮後即得專寵。其師廷式，即於是年四月殿試，以第二人及第。其後大考翰詹，所有與試各卷，呈入御覽。光緒帝瞧到廷式卷子，見他寫作俱佳，很是嘉許，立授閱卷大臣，拔置第一，擢侍讀學士，充日講官。都下人士統稱江左才子，應邀知遇，其實也由珍嬪暗中關說，因此得蒙主眷。有才亦須有勢。這且慢題。

單說西太后因大婚禮畢，即於二月間歸政。自然又有一番典禮，較諸前次撤簾，尤加隆重，並增上欽獻二字徽號，是為「慈禧端佑康頤昭豫莊誠壽恭欽獻皇太后」。既歸政，即日赴頤和園，並命帝后隨至園中。臨行前一日，忽降一道懿旨，命王公大臣率神機營赴園會操。是時醇親王病癒銷假，與禮親王世鐸，接到此旨，都是驚詫起來。只因慈命難違，即飭神機營整頓軍械，於西太后啟蹕後，帶領營兵到園聽令。約一小時，便見這位雍容華美的聖母，親御仁壽殿，旁坐的為光緒帝，也是戎服打扮，冠冕堂皇。諸王公大臣等入殿行禮，叩頭畢，站立兩階。當由西太后下旨，飭掌管神機營親王，傳宣軍令，霎時間步隊，馬隊，長槍隊，短刀隊，強弩隊，藤牌隊，還有新設的洋槍隊，依次序立，從殿下起一直排列，差不多要接至園門。軍士向上行過軍禮，嵩祝三呼，隨後吹起畫角，逐隊分操。旌旗燦爛，甲仗鮮明，縱橫排蕩，無不從心，坐作進退，亦皆有法。閱操耶？看戲耶？我謂實一戲耳！樂得西太后心花怒開，怡顏嘉獎。既而，陸操竣事，覆命至昆明湖水操。各隊軍士卷雲而去，西太后與光緒帝退殿少憩。未幾復率帝至昆明湖畔，聞輪舟上的汽笛，已嗚嗚有聲，及見輦駕將臨，即命停吹，西太后降輿乘輪，才開放汽笛，輪葉隨飛。片刻間即到穿堂殿。西太后道：「到底是輪船快便，前時乘著燈船令人悶極了！」後來為何反對洋人？光緒帝應聲稱是。此時李蓮英何故不答？輪舟泊岸，西太后登陸入殿，皇帝以下盡行隨入。既御座，王大臣等行禮如初，旋命水操。各軍士都乘著湖船，飛駛過來。檣上統懸著龍旗，舟內都排著武器。一班雄糾糾氣昂昂的武夫，都是耀武揚威，異常奮力。一聲鉦鼓，萬棹爭趨，或分或合，或止或行。映入西太后眼簾，只覺得錯綜變化，如火如荼。西太后雖號聰明，究竟武事不比文藝，文藝可索書，而得武事非經驗不辦。張佩綸猶不堪一戰，何怪西太后！閱操已畢，又問醇王奕譞道：「海軍辦到怎麼樣了？」醇王奏道：「北洋海軍已算告成，早飭丁汝昌認真訓練了。」西太后道：「共有多少戰船？」醇王道：「第一次向德國船廠購來鎮遠、定遠兩鐵甲，濟遠一快船；第二次又從英德兩國船廠購到致遠、靖遠、經遠、來遠，及超勇、揚威六艘快船。總計有鐵甲輪船兩艘，快船七隻了。」西太后道：「已夠麼？」兵備多多益善，無如經費已移築頤和園，奈何！醇王道：「鐵甲快船已足充數。現由督臣李鴻章再向英國購制魚雷快船，擬與鐵甲快船相輔而行。想不日就可到來。」西太后道：「丁汝昌曾留學外洋，前已授為北洋海軍提督，究繫有軍事知識否？」請問太后有無軍事知識？如何要閱水陸軍操！醇王道：「丁汝昌頗知武備，且有林泰、劉步蟾兩總兵為輔，想總還靠得住的。」恐怕未必！西太后道：「還有一個英國水師兵官，叫做什麼名字？我一時失記了。」醇王道：「叫做琅威理，現由他作總教習。」西太后道：「非我族類，其心必異，恐終是靠不住哩！」後文祖拳排外，即本此意釀成。醇王道：「現在創辦海軍，一時尚無人才。俟將來海軍學生練習有效，就可不用外人了。」西太后點頭，隨命犒賞兵士，令退出頤和園。兵士俱謝恩退去，自率光緒帝及王大臣等，出殿下輪，回到樂壽堂，舍舟入殿。令王大臣等各去退息，挈帝進內去了。敘入海軍一段，既補前文之未備，且為下回伏線。

次日，忽由河道總督吳大澂，齎呈奏摺，由軍機處轉達光緒帝，乃是請飭議尊崇醇親王典禮。光緒帝瞧了又瞧，不好率行批答，遂入奏西太后，並將原折呈上。西太后覽畢，便道：「醇王前日已有豫杜妄論的奏摺，今吳大澂果有此請，探試上意，此後更不得了呢！」立宣軍機大臣入內，令他擬旨申斥，即日頒發，其文云：

本日據吳大澂奏請飭議尊崇醇親王典禮一折，皇帝入繼文宗顯皇帝，寅承大統。醇親王奕譞，謙卑謹慎，翼翼小心，十餘年來，深宮派辦事宜，靡不殫竭心力，恪恭盡職，每遇優加異數，皆再四涕泣懇辭。前賞杏黃轎，至今不敢乘坐。其秉心忠赤，嚴畏殊常，非徒深宮知之最深，實天下臣民所共諒。自光緒元年正月初八，醇親王即有豫杜妄論一俑。內稱：「歷代繼統之君，推崇本生父母者，以宋孝宗不改子稱秀王之封，為至當。慮皇帝親政後，僉壬幸進，援引治平、嘉靖之說，肆其奸邪，故豫具封章。請俟親政時，宣示天下，俾千秋萬歲，勿再更張。」其披瀝之忱，自古純臣居心，何以過此！此深宮不能不嘉許感嘆，勉從所請者也！茲當歸政伊始，吳大澂果有此奏，若不將醇親王原奏，及時宣示，則後此邪說競進，妄希議禮梯榮，其患何堪設想！用特明白曉諭。並將醇親王原奏發抄，俾中外臣民，咸知我朝隆軌，超越古今；即賢王心事亦從此可以共白。嗣後闞名希寵之徒，更何所容其覬覦乎？將此通諭中外知之。欽此！

自此旨下後，醇王奕譞越加惶懼，仍然用了老計策，乞病請假。西太后知他膽怯，竟允所請，索性由他安養邸中。

只西太后素性喜動，雖然退居頤和園，仍是留心朝政。光緒帝由園返宮，每日視朝，遇著軍國重事，亦即稟報慈闈。是時如左宗棠、岑毓英等，先後謝世，雲貴總督簡了王文韶，湖廣總督任了張之洞，兩廣總督用了李瀚章。還幸內外無事。唯張之洞創議，自北京蘆溝橋起，經河南至湖北，達漢口鎮，築造鐵路，以便交通。奏入，光緒帝以事關重要，往稟西太后。西太后命海軍衙門詳細復奏。鐵路與海軍無涉，如何令他復奏！海軍衙門復稱應辦。乃派直督李鴻章，鄂督張之洞，會同海軍衙門妥籌開築。中國大幹實始於此。

流光易駛，又過中秋。西太后因秋高氣爽，每日晨起，必登佛香閣遊覽，借拓心胸。到八月二十四日，天色甫明，正擬起床梳洗，忽聞霹靂一聲，自東而西。西太后向來膽壯，也出一大驚。忙披衣起床，喚李蓮英道：「怪得很，雷聲如何有這般響？你去開軒四視，怕有物擊壞哩。」蓮英時已起來，奉西太后旨，到外邊檢察一週。回奏道：「園內沒有動靜，只聞有一股火藥氣味。」西太后道：「恐怕雷殛不遠哩。」說著，侍女已捧進香湯。蓮英侍太后盥漱畢，即替西太后梳髻。俄聽雨聲滴瀝，響徹梧桐，西太后道：「秋已深了，這雨聲很是蕭瑟哩！」國運亦作如是觀。隨又語蓮英道：「我今年已五十五歲了，鬢髮幸還未白。虧你得了一個大何首烏，俾我蒸服，有此效果。但人生終如朝露，轉瞬年已周甲，總不免要歸塵土呢！」李蓮英道：「聖母福如東海，壽似南山，將來總在百齡以上。」西太后微笑道：「偌大的何首烏，未必有此奇效。昨日偶閱藥書，須要千年何首烏，九蒸九曬服之，乃可延年，前服何首烏時，蒸制不如法，融化類粥糜，我並汁啜飲。倘令我早見此書，便知服法，算來還是可惜呢！」李蓮英道：「他日再有此物，可以照服了。」蓮英獻何首烏事，也從此處敘入。西太后道：「這是希世之物，不容易得的。」說著發已梳成。外面有宮監進來，奏稱，祈年殿額被雷擊壞了。西太后道：「祈年殿在天壇，何故為雷所擊？」言下有艴然狀。少頃由宮女呈進御點，西太后略略挑選食，便命撤去。隨向李蓮英道：「今日天大雷雨，佛香閣不去了，不如寫字消遣為是。」李蓮英遵旨，便呈進筆墨，攤紙桌上。西太后握筆蘸墨，運動靈腕，書就了好幾幅，或一龍字，或一虎字，或鬆鶴兩字。隨後用一幅庫臘籤，橫書「大圓寶鏡」四字，墨沉淋漓，頗臻神妙。西太后自覺得意，便道：「這好作殿內的匾額。」李蓮英奉了旨，待墨跡已乾，即摺疊收藏。

休息一時，便進午膳。膳畢，忽報東方有紅光燭天，西太后忙出殿遙望，只見光焰飛騰，忽升忽降，恍似赤虹一條。不禁驚異道：「祝融氏又肆威了，現在天氣少霽，可上千步廊憑眺，便可了明失火的地方。」原來這千步廊在佛香閣下，直達玉瀾堂，廊盡便是萬壽山岡。補前回未述之闕。西太后躡廊登山，李蓮英自後隨著。到了山上，向東回顧，火光熊熊，勢若燎原。西太后驚道：「失火處又是天壇上面，不然何以有這般猛烈呢？」言至此，火勢愈烈，連爆烈的聲音都傳遞過來，西太后益驚嘆不已。俄見有一宮監飛步上來，奏報導：「祈年殿又失火了。」西太后道：「我說是天壇上面，為什麼晨遭雷擊，刻遇火災，一日之間兩遘奇變？」李蓮英道：「上年萬歲爺祀天，奴才亦嘗隨去。曾見祈年殿高約十丈，共八十一楹，建築很是堅固，上蓋金頂，瓦均藍色琉璃，並沒什麼引火等物。就使偶然失慎，也容易撲滅哩！」西太后道：「去年臘月貞度門、太和門均不戒於火，幾乎延燒庫房，經大臣們帶著侍衛，竭力救熄。那時尚沒有這般火光。天有不測風雲，人有旦夕禍福，便是此意。」連年被災，何為不自修省？言已，仍眼睜睜望著。火勢越燒越猛，還有涼飆助威，直至天晚未熄。李蓮英道：「慈躬不應過勞，還是下山休養罷！」西太后聞言，方循廊下來。至晚膳後，殿東簷角尚映著一片紅光，西太后還抱著憂慮。坐至夜半，瞭見火勢少衰，方才歸寢。翌晨起床，即見李蓮英入奏：祈年殿毀去一半，火已早熄了。蓮英所言無非迎合。西太后稍覺放心。巳牌將近，由禮親王世鐸，入奏祈年殿被災詳情，西太后道：「這殿系太常寺典守，為何失火？延燒許多時候。」禮王奏道：「據太常寺奏稱，未嘗失慎。」西太后不待說畢，便道：「難道是天災麼？」禮王復道：「典守者亦不能辭責。」西太后又道：「天壇是寬曠的地方，就使失慎，也應立刻撲滅哩！」禮王道：「昨日風助火威，各員統去撲救，無奈火盛難熄，虧得五城救火水會紳董，一齊赴援，方於黎明撲滅了。」可見李蓮英早熄之言，未盡確鑿。西太后道：「你去與皇上說，叫他寅畏天災，君臣交儆。所有應懲應獎，一任酌定便是。」君臣統應交儆，自己恰不必儆懼，想是與天同壽的。禮王唯唯趨出。越日即頒詔懲太常寺各官，及壇戶有典守之責者；嘉獎五城救火水會紳董；並以寅畏天災，君臣交儆之意，宣示內外。這也不在話下。

且說光緒十六年，為皇帝二旬萬壽。即於十五年冬季，飭禮部籌備典禮。屆期，光緒帝先至頤和園，朝賀西太后。俟返蹕，方御殿受慶祝禮。禮成賜宴，並加恩獎敘懿親、及中外大臣有差。越二月，戶部右侍郎曾紀澤卒。又越月，前兵部尚書彭玉麟卒。又越五月，前陝甘總督楊嶽斌卒。又越二月，兩江總督曾國荃復卒。想是同時下凡，因此同時去世。朝廷歷賜祭葬，並皆予謚。曾謚惠敏，彭謚剛直，楊謚勇慤，江督曾則謚忠襄。西太后繫念功臣，恰也未免悲切。轉思祈年殿被災，或即應在此數人身上，亦未可知。只勛舊凋零，繼起乏材，很覺可惜。正嘆息間，忽報醇親王奕病篤。亟傳懿旨，命皇帝視疾。光緒帝依旨遵行，自不必說。過了數日，醇親王竟爾病終。太后聞知，墮了幾點珠淚，自嘆道：「今年迭喪功臣，又亡懿戚，國運要算不幸了！」免你懷疑，何必強顏。遂令光緒帝速詣醇邸，成服行禮，且降懿旨，極稱醇王管理水陸軍，恪恭盡職。喪葬一切，特別從優。並著王大臣等，會議醇王稱號及謚法，並皇帝服制，嗣子承襲等事。嗣經復奏，定醇王稱號曰皇帝本生考，謚曰賢。皇帝持服期年。醇王子載灃襲承王爵；載洵晉封不入八分鎮國公；載濤晉封不入八分輔國公。西太后一一照允。醇王奕不可謂非生榮死哀了。

自十六年至十九年，國勢承平，中外恬靜。只熱河教匪，貴州苗民，雲南倮夷，臺灣生番，粵東三合會，稍稍滋事，統是未久即平。至若國際交涉，不過兩三件。一件是英藏交涉：英人踞西藏南藩哲孟雄部，藏境大震。達賴、班禪以下屢思規復，至哲部隆吐地方，設立卡房。英人恃強得很，把卡房毀去，且進占藏南要隘。清廷忙令駐藏大臣昇泰，與英國總理印度大臣蘭士丹，會議了好幾次，定藏印條約八款，承認哲為英屬，英兵退出藏境，開藏南的亞東地為商埠等，才得和平了結。還有蔥嶺以西的帕米爾高原，英、俄兩國都思染指。中國本有卡倫建設，卒為所逐。經出使大臣洪鈞、許竹筠先後會議，結果是英、俄得了便宜，中國只以蔥嶺為界，蔥嶺以外盡行棄去。清廷以地屬荒徼，無關得失，毫不在意。都是此念所誤。至光緒廿年冬季，頒發上諭，命籌辦甲午年皇太后六旬萬壽典禮，任禮親王世鐸為總辦，會同各部辦理。相距二年即命籌辦，好侈可知，無怪皇天不容！正是：

慈壽周齡逢大慶，隆儀預備仗皇親。

欲知萬壽慶典如何舉辦，且看下回分解。

西太后於垂簾時，未聞親自閱操。至歸政後反於頤和園中，率帝校閱神機營。是明示以大權猶在，非皇上所得專也，御殿以著慈威，頒賞以固軍心，他日之推翻新政，禁帝瀛臺，束縛馳驟，如犬馬然，何莫非預伏於此？若吳大澂之請崇醇王典禮，立加申飭，無非本此心之所推暨耳！貞度門、太和門災，祈年殿又災，天象示警，雖非盡可憑，然第使君臣交儆，而於己若無與！增築頤和園，籌備六旬萬壽期，唯恐不盡，曾亦聞炎炎者滅，隆隆者絕乎？況功臣凋謝，懿戚淪亡，此而不自修省，日以逸豫誇張為務，無憾乎清室之中衰也！故此回實為西太后憂樂之關鍵，亦即為清室衰微之朕兆。

電子書購買　爽讀 APP

國家圖書館出版品預行編目資料

慈禧太后演義，宮闈權謀傳奇：從深宮之中到權臣之上，一代女皇的崛起 / 蔡東藩 著 . -- 第一版 . -- 臺北市：複刻文化事業有限公司，2023.12
面；　公分
POD 版
ISBN 978-626-7403-73-0(平裝)
1.CST: (清) 慈禧太后 2.CST: 傳記
627.81　　112020282

慈禧太后演義，宮闈權謀傳奇：從深宮之中到權臣之上，一代女皇的崛起

臉書

作　　者：蔡東藩
發 行 人：黃振庭
出 版 者：複刻文化事業有限公司
發 行 者：複刻文化事業有限公司
E-mail：sonbookservice@gmail.com
粉 絲 頁：https://www.facebook.com/sonbookss/
網　　址：https://sonbook.net/
地　　址：台北市中正區重慶南路一段六十一號八樓 815 室
Rm. 815, 8F., No.61, Sec. 1, Chongqing S. Rd., Zhongzheng Dist., Taipei City 100, Taiwan
電　　話：(02) 2370-3310　　傳　　真：(02) 2388-1990
印　　刷：京峯數位服務有限公司
律師顧問：廣華律師事務所 張珮琦律師
定　　價：330 元
發行日期：2023 年 12 月第一版
◎本書以 POD 印製